JN013071

ABC FRANÇAIS

フランス語
の
ABC

[新 版]

数江讓治

白水社

装丁　mg-okada

フランス語
の
ABC

［新版］

音声アプリのご利用方法

1. パソコン・スマートフォンで音声ダウンロード用のサイトにアクセスします。
QR コード読み取りアプリを起動し、QR コードを読み取ってください。
QR コードが読み取れない方はブラウザから以下の URL にアクセスしてください。

 https://audiobook.jp/exchange/hakusuisha

※ これ以外の URL からアクセスされますと、無料のダウンロードサービスをご利用いただけませんのでご注意ください。
※ URL は「www」等の文字を含めず、正確にご入力ください。

2. 表示されたページから、audiobook.jp への会員登録ページに進みます。
※ 音声のダウンロードには、audiobook.jp への会員登録（無料）が必要です。
※ 既にアカウントをお持ちの方はログインしてください。

3. 会員登録の完了後、1. のサイトに再度アクセスし、シリアルコードの入力欄に
「**89064**」を入力して「送信」をクリックします。

4. 「ライブラリに追加」のボタンをクリックします。

5. スマートフォンの場合は、アプリ「audiobook.jp」をインストールしてご利用ください。パソコンの場合は、「ライブラリ」から音声ファイルをダウンロードしてご利用ください。

ご注意
- 音声はパソコンでも、iPhone や Android のスマートフォンでも再生できます。
- 音声は何度でもダウンロード・再生いただくことができます。
- 書籍に表示されている URL 以外からアクセスされますと、音声ダウンロードサービスをご利用いただけません。URL の入力間違いにご注意ください。
- 音声ダウンロードについてのお問い合わせ先：info@febe.jp
（受付時間：平日の 10 ～ 20 時）

は　し　が　き

この本はフランス語の ABC から勉強をはじめようとする人たちのための入門書です．とくに，大学などでフランス語をはじめて習う人たちの授業の参考書として，また，一般のかたがたのための自習書として役立つように編集してあります．

各課の文法事項の配列は，大学で一般につかわれている教科書に準じています．ところで，大学などの授業では，きわめて限られた時間内に入門期の勉強をひととおり終わらなければならない関係から，説明が駆け足になり，練習問題で力をためす時間も不足しがちです．この本ではそうした点を配慮して，はじめて勉強する人たちがまちがえやすいところ，わかりにくい事項はできるだけ丁寧に解説しました．また，興味をもって勉強が続けられるよう，単語，例文，読みものをえらぶのにも心をくばりました．

何よりも，はじめてフランス語を習う人の身になって書く．これがこの入門書をつくるにあたって，もっとも気をつけた点です．

発音はフランス語の入門期の人たちにとって大切な問題です．説明を読んでとにかく発音してみる．その手がかりとして，この本では，例文，動詞の活用形など全巻を通してカタカナをつけました．しかし，これは一つの目安です．正確な発音は，フランス人の吹き込んだ音声をくり返し，くり返しよく聞いて，それを真似て練習してください．はじめから完璧を望まないこと，思い切って口に出して言ってみること．発音の練習にはこれが何よりもかんじんです．

各課の終わりの練習問題は，その課でおぼえた文法知識が自分のものになったかどうか確かめるため，かならず自分で答えて，解答と照らし合わせてみる習慣をつけてください．

巻末の単語集は，辞書をいちいちひかなくても勉強ができるように，また，単語をおぼえるのに便利なようにという目的で添えられたものです．この本では，使用頻度の高い基本単語を中心に約950語がつかわれています．そして，冠詞や代名詞など若干の語を除いて，すべての単語をこの単語集に収めてあります．入門期の人たちにとっては，単語をおぼえることも大切な勉強です．この単語集を大いに活用してください．

　この本では，フランス語の枝葉にあたる部分はできるかぎり切り落として，幹となる項目を重点的にとりあげてありますが，この一冊で入門期に必要な知識は十分にえられるはずです．この入門書が，ABCからはじめた人たちのフランス語への興味をそそり，さらにつぎの段階への橋渡しとして，お役に立てば幸いです．

　この本ができるまでには多くのかたのお世話になりました．白水社編集部のかたがた，とくに適切な助言をしてくださった水谷久和氏に心からの感謝を述べるとともに，校正・整理などで協力してくださったオディル・古沢夫人，敷浪千鶴子さんにお礼を申しあげます．

　　1981 年 3 月 10 日

　　　　　　　　　　　　　　　　　　数 江 譲 治

目　　次

7

11

発　　音

1.　アルファベット

A	**a**	[ɑ]	ア		**N**	**n**	[ɛn]	エヌ
B	**b**	[be]	ベ		**O**	**o**	[o]	オ
C	**c**	[se]	セ		**P**	**p**	[pe]	ペ
D	**d**	[de]	デ		**Q**	**q**	[ky]	キュ
E	**e**	[ə]	ウ		**R**	**r**	[ɛːr]	エール
F	**f**	[ɛf]	エフ		**S**	**s**	[ɛs]	エス
G	**g**	[ʒe]	ジェ		**T**	**t**	[te]	テ
H	**h**	[aʃ]	アシュ		**U**	**u**	[y]	ユ
I	**i**	[i]	イ		**V**	**v**	[ve]	ヴェ
J	**j**	[ʒi]	ジ		**W**	**w**	[dubləve]	ドゥブルヴェ
K	**k**	[ka]	カ		**X**	**x**	[iks]	イクス
L	**l**	[ɛl]	エル		**Y**	**y**	[igrɛk]	イグレク
M	**m**	[ɛm]	エム		**Z**	**z**	[zɛd]	ゼッド

1. フランス語では，アルファベットのことをアルファベ (alphabet) といいます.

2. アルファベは英語と同じ 26 文字で，このうち A, E, I, O, U, Y の 6 つは母音字，そのほかは子音字です.

フランス語では，母音字ではじまる語の前では発音や文法上の多くの約束がありますから，母音字ではじまる語にはとくに注意が必要です.

3. g は英語では [ジー dʒiː], フランス語では [ジェ ʒe], j は英語では [ジェイ dʒéi], フランス語では [ジ ʒi] で，英語とは逆の音になります.

4. k と w は元来フランス語ではない外来語に見られます.

kilomètre キロメートル   *wagon* 車両
キロメートル   ヴァゴン

2. 筆記体で書くとき

筆記するときは，活字体で書いてもさしつかえありません. 筆記体で気をつけるべき点は，T の大文字を書くばあい，フランス人は図のように右にはねることです. 英語の T のばあいのように左にはねて書くと，I とまちがえられます. (筆記体 ☞ *p. 34*)

T の筆記体大文字：*E*   *Thomas Thérèse*

I の筆記体大文字：*J*   *Isabelle Inde*

J の筆記体大文字：*J*   *Japon Jean*

3. 綴り字記号

綴り字記号とは，フランス語で，アルファベットの中の若干の文字に添える特別な記号です．綴り字記号は，文字のあらわす音を正確に示したり，音も綴りも同じで意味だけがちがう語を区別したりするために用いられる記号です．

綴り字記号にはつぎの7種類があり，それぞれの記号がつく文字はきまっています．

		記号	a	e	i	o	u
①	アクサン・テギュ (accent aigu)	´		é			
②	アクサン・グラーヴ (accent grave)	`	à	è			ù
③	アクサン・スィルコンフレクス (accent circonflexe)	^	â	ê	î	ô	û
④	トレマ (tréma)	¨		ë	ï		ü
⑤	セディーユ (cédille)	,					
⑥	アポストロフ (apostrophe)	'					
⑦	トレ・デュニオン (trait d'union)	-					

このうちもっともよくつかわれるのは，はじめの3つのアクサン記号です．ただし，アクサン (accent) といっても発音上のいわゆるアクセントとは関係ありません．単に綴り字上の記号です．

なお，アクサン記号 (´ ` ^) は大文字のばあい，しばしばはぶかれます．*à* l'*é*cole [ア・レコール]「学校へ」→ *A* L'*E*COLE

また，小文字の i の上にアクサン記号 (^ ¨) がつくときは，i の上のポワン (˙) ははぶかれ，その代わりに ^ または ¨ がつきます．
î, ï

4. 綴り字記号の用例 🎧 2

[1] アクサン・テギュ:

*é*cole　学校　　　*bébé*　赤ん坊　　　*café*　コーヒー
エコール　　　　　　ベベ　　　　　　カフェ

[2] アクサン・グラーヴ:

*mè*re　母　　　*élè*ve　生徒
メール　　　　　エレーヴ

l*à*　そこに　(la = *the*)　　o*ù*　どこに　(ou = *or*)
ラ　　　　　ラ　　　　　　　ウー　　　　　ウー

[3] アクサン・スィルコンフレクス:

*â*me　魂　　　*tê*te　頭　　　*î*le　島　　　go*û*t　趣味
アーム　　　　テート　　　　イル　　　　グー

[4] トレマ:　わかりやすい例を あげて みましょう.　フランス語で
は oi の綴りは[オワ]と発音されます.　したがって,　Tolstoi の綴り
をフランス語読みにすると[トルストワ]となります.

このばあい, i の上にトレマをつけて Tolstoï と書くと, oi の綴り
であっても o は[オ], i は[イ]のように 2 つ並んだ母音字がそれぞれ
独立して発音され, [トルストイ]となります.　そこからトレマは〈分
音記号〉ともよばれます.

[5] セディーユ:　(c の下につけます.　ç [セ・セディーユ])

Fran*ç*ais　フランス人　　　gar*ç*on　少年
フランセ　　　　　　　　　ガルソン

[6] アポストロフ:　(e, a, i の省略を示す)

j'ai　(← je ai)　= *I have*
ジェ

l'Angleterre　(← la Angleterre)　英国
ラングルテール

[7] トレ・デュニオン:　(英語のハイフンにあたる連結記号)

grand-père　祖父　　　a-t-il ?　= *has he?*
グランペール　　　　　アティル

15

5. 母音字の読み方

3

A. 単独の母音字

> **i, î, y**

i, y はどちらも日本語の[イ]に近い音ですが，唇の両端を左右に強く引きしめた鋭い[イ]の音です．

アクサン記号（ˆ）がついた î も発音は i と同じです．

　ici [isi]　ここに　　　　*île* [il]　島　　　　st*y*lo [stilo]　万年筆
　イスィ　　　　　　　　　　イル　　　　　　　　　スティロ

> **e**

e の発音には，つぎの4つのばあいがあります．

① 発音されない．
② [ウ ə]　（唇を丸くして軽く[ウ]を発音する）
③ [エ e]　（口のひらきの狭い，[イ]に近い[エ]）
④ [エ ɛ]　（口のひらきの広い[エ]）

注意　日本語では[エ]の音は1つですが，フランス語では上記③，④の区別があります．今の学習段階では，とりあえずどちらも日本語の[エ]に近い音とおぼえておいてかまいませんが，狭い[エ]と広い[エ]は別の音ですから，なるべく早くこの2つの音を正しく区別して発音するようにつとめましょう．

母音字の中でも，とくに e の読み方はたいせつです．e の読み方を正確につかめないうちは，発音全体に自信がもてないものです．つぎの解説によって，e はどんなばあいに発音されないか，[ウ]と発音されるか，[エ]と発音されるかの区別をまとめてみましょう．

~~ e の読み方 ~~

① [無音]: 単語の語尾の e はつねに発音されません.

table [tabl] テーブル　　Madame Curie [madam kyri]
タ―ブル　　　　　　　　　　　　マダム　　キュリー

② [ウ ə]: 音節の終わりが e のとき.

me|nu [məny] メニュー　　pro|me|na|de [prɔmnad] 散歩
ムニュ　　　　　　　　　　　　　プロムナード

③ [エ e]: 語尾の r, z, d の前, および é のとき.

parler [parle] 話す　　nez [ne] 鼻　　été [ete] 夏
パルレ　　　　　　　　　ネ　　　　　　　エテ

④ [エ ɛ]: 同じ音節中の発音される 子音字の前, および è, ê
のとき.

avec [avɛk] ～と一緒に　　merci [mɛrsi] ありがとう
アヴェック　　　　　　　　　　メルスィ

père [pɛːr] 父　　fête [fɛt] 祭り
ペール　　　　　　　フェット

---

a, à, â

a は日本語の[ア]に近い音です. アクサン記号 (` ^) がついていて
も発音には関係ありません.

papa [papa] パパ　　classe [klɑːs] クラス
パパ　　　　　　　　　　クラース

là [la] そこに　　âme [ɑːm] 魂
ラ　　　　　　　　アーム

注意 a は正確には, 日本語の[ア]に近い [a] と, 口の奥のほうで発
音される [ɑ] に区別されますが, 今日では口の奥で出す [ɑ] は
しだいに [a] で発音される傾向にあります.

o, ô

o は日本語の [オ] に近い音ですが，唇を丸めて前につき出します．
アクサン記号 (ˆ) がついても発音には関係ありません．

mot [mo] 言葉
モ

mode [mɔd] モード
モード

joli [ʒɔli] きれいな
ジョリ

côte [koːt] 海岸
コート

注意 o は正確には，口のひらきの狭い [オ o] と，口のひらきの広
い [オ ɔ] に区別されます．それぞれ別の音ですからテープをよ
く聞いて，音のちがいをはっきりとつかんでください．

u, û

u は日本語の [ユ] に近い音ですが，ずっと緊張した音です．唇を丸
めて前につき出し，口のひらきの 極度に狭い [ウ u] の口の形で，鋭
い [イ i] を発音します．なお，アクサン記号 (ˆ) がついていても発
音は同じです．

utile [ytil] 役に立つ
ユティル

futur [fytyːr] 未来
フュテュール

flûte [flyt] フルート
フリュート

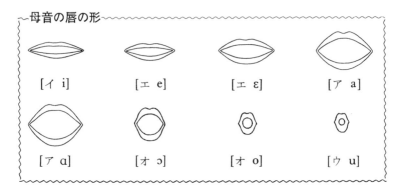

┌─母音の唇の形─

[イ i]   [エ e]   [エ ɛ]   [ア a]

[ア ɑ]   [オ ɔ]   [オ o]   [ウ u]

B. 連続した2つ以上の母音字の読み方

2つ以上の母音字が連続するとき，それぞれの母音字がもつ音は失なわれ，別個の音になります．

> **ai, aî, ei**   [エ ɛ]

m*ai* [mɛ] 5月
メ

m*aî*tre [mɛtr] 主人
メートル

n*ei*ge [nɛ:ʒ] 雪
ネージュ

m*ai*son [mɛzɔ̃] 家
メゾン

S*ei*ne [sɛn] セーヌ川
セーヌ

> **au, eau**   [オ o (ɔ)]

*au*to [ɔ(o)to] 自動車
オト

b*eau* [bo] 美しい
ボー

j*au*ne [ʒo:n] 黄色い
ジョーヌ

bat*eau* [bato] 船
バトー

> **eu, œu**   [ウ ø, œ]

eu, œu は発音記号では [ø] または [œ] で示されます．仮りに[ウ]と記しましたが，日本語にはない中間母音で，カタカナであらわすことは困難です．つぎの説明を参考にしながら，テープでフランス人の発音を習得してください．

[ø] は，口のひらきの狭い [オ o] の口の形で，狭い [エ e] を発音します．かなり狭い口のひらきです．

[œ] は，口のひらきの広い [オ ɔ] の口の形で，広い [エ ɛ] を発音します．かなり広い口のひらきです．

f*eu* [fø] 火   fl*eur* [flœ:r] 花   b*eu*rre [bœ:r] バター
フゥ   フルール   ブゥール

v*œu* [vø] 誓い   b*œu*f [bœf] 牛
ヴゥ   ブフ

* œ の綴りの読み方は 〈o et e composés〉[オ・エ・ウ・コンポゼ]

---

ou, où, oû [ウー u]

amour [amuːr] 愛   où [u] どこに   goût [gu] 趣味
アムール   ウー   グー

C. 鼻母音 （🎧5）

　フランス語には，息を鼻からぬいて発音する母音があります．これが〈鼻母音〉です．

　鼻母音は〈母音字＋n〉または〈母音字＋m〉の綴りで示され，母音字と n, m は1つになって発音されます．

---

an, am, en, em [アン ã]

口のひらきの大きい[ア]を発音しながら息を鼻へぬきます．

France [frãːs] フランス   lampe [lãp] ランプ
フランス   ランプ

enfant [ãfã] 子供   ensemble [ãsãːbl] 一緒に
アンファン   アンサーンブル

---

in, im, ain, aim, ein [ァエン ɛ̃]

発音記号では[ɛ̃]ですが，実際には[ア]に近い[エ]を鼻へぬきます．

jardin [ʒardɛ̃] 庭   simple [sɛ̃pl] 単純な
ジャルダン   サーンプル

main [mɛ̃] 手   faim [fɛ̃] 空腹
マン   ファン

peinture [pɛ̃tyːr] 絵画
パンテュール

---

on, om　　　[オン　ɔ̃]

発音記号では [ɔ̃] ですが，実際には口のひらきの狭い [オ o] を発音しながら息を鼻へぬきます.

Jap*on* [ʒapɔ̃]　日本　　n*om*bre [nɔ̃:br]　数
ジャポン　　　　　　　　　　　　　ノーンブル

un, um　　　[アン　œ̃]

発音記号では [œ] (*p. 19*) の鼻母音 [˜] で示されますが，実際には [ɛ̃] で発音される傾向があります. ただしカタカナでは [アン] で示してあります.

l*un*di [lœ̃di]　月曜日　　parf*um* [parfœ̃]　香水
ランディ　　　　　　　　　　　　　　パルファン

D.　半母音　　　　　　　　　　　　　　🎧 6

母音 i [イ i], u [ユ y], ou [ウ u] の直後に他の母音 [a, ɛ, i] が続くと, [i] [y] [u] は子音に近い摩擦音になりますが, これを〈半母音〉といいます. 母音と子音の中間の音ということです. 半母音は直後に続く母音と一体になって, 1 つの音節として発音されます.

i＋母音字　　　[ヤ j]

[イ i] の直後の母音にひっかけて, ひと息に発音します. [i]＋[a]→ [ヤ ja]

p*ia*no [pjano]　ピアノ　　　p*ie*d [pje]　足
ピアノ　　　　　　　　　　　　　ピエ

u＋母音字　　[ユィ　ɥ]

[ユ　y] の直後の母音にひっかけて，ひと息に発音します．[y]＋[i]→
[ユィ　ɥi]

　　n*ui*t [nɥi]　夜　　　　pl*uie* [plɥi]　雨
　　ニュイ　　　　　　　　　ブリュイ

ou＋母音字　　[ウ　w]

[ウ　u] の直後の母音にひっかけて，ひと息に発音します．

　　oui [wi] ＝ *yes*　　　　*ou*est [wɛst]　西
　　ウイ　　　　　　　　　　　ウエスト

oi　　[ワ　wa]

　　*oi*seau [wazo]　鳥　　ét*oi*le [etwal]　星　　r*oi* [rwa]　王
　　ワゾー　　　　　　　　エトワール　　　　　　ロワ

oin　　[オワン　wɛ̃]

　　l*oin* [lwɛ̃]　遠くに　　　　p*oin*t [pwɛ̃]　点
　　ロワン　　　　　　　　　　　ポワン

ien　　[ィエン　jɛ̃, ィアン　jɑ̃]

　　b*ien* [bjɛ̃]　うまく　　　　or*ien*t [ɔrjɑ̃]　東方
　　ビエン　　　　　　　　　　　オリャン

母音字＋y

y は 2 つの i が続くように発音されます.

1. ay (ai＋i) ［エイィ ɛj］: crayon ［クレィヨン］ 鉛筆
2. oy (oi＋i) ［オワィ waj］: voyage ［ヴォワィヤージュ］ 旅行
3. uy (ui＋i) ［ユイィ ɥij］: essuyer ［エシュィエ］ ふく

母音字＋il, ill

母音字のあとに il が続くとき, il は半母音となり, 前の母音と合体して ［イュ j］ の音になります.

a. **ail, aill** ［a(ɑ)j］:

  travail ［travaj］ 仕事   paille ［pɑːj］ 麦わら
  トラヴァイュ   パイュ

b. **eil, eill** ［ɛj］:

  soleil ［sɔlɛj］ 太陽   oreille ［ɔrɛj］ 耳
  ソレイュ   オレイュ

c. **euil, euill** ［œj］:

  fauteuil ［fotœj］ ひじかけ椅子   feuille ［fœj］ 葉
  フォトゥイュ   フゥイュ

注意 〈子音字＋ille〉のばあいは ［il］ または ［ij］

  ville ［vil］ 町   mille ［mil］ 千   fille ［fij］ 娘
  ヴィル   ミル   フィーユ

23

6. 子音字の読み方

A. 単独の子音字

---
c
---

a. **a, o, u** の前，子音字の前で [ク k]

    *ca*fé [kafe] コーヒー
    カフェ

    *cu*isine [kɥizin] 台所
    キュイズィーヌ

    *co*ncours [kɔ̃kuːr] 競争試験
    コンクール

    *cl*asse [klɑːs] 教室
    クラース

b. **e, i, y** の前，ç のとき [ス s]

    con*c*ert [kɔ̃sɛːr] コンサート
    コンセール

    bi*c*yclette [bisiklɛt] 自転車
    ビスィクレット

    *ci*néma [sinema] 映画
    スィネマ

    le*ç*on [ləsɔ̃] 学課
    ルソン

---
g
---

a. **a, o, u** の前，子音字の前で [グ g]

    *gâ*teau [gɑto] 菓子
    ガトー

    lé*gu*me [legym] 野菜
    レギューム

    *go*uvernement [guvɛrnəmɑ̃] 政府
    グーヴェルヌマン

    *gl*ace [glas] 氷
    グラス

b. **e, i, y** の前で [ジ ʒ]

    *ge*nou [ʒənu] ひざ
    ジュヌー

    *gi*let [ʒile] チョッキ
    ジレ

注意 ge は a, o の前で [ʒ], gu は e, i の前では [g]

    *Ge*orges [ʒɔrg] （人名）
    ジョルジュ

    *gui*de [gid] 案内人
    ギド

h

　フランス語では，h はつねに発音されませんが，文法上〈**有音の h**〉と〈**無音の h**〉の区別があります．有音の h の前では後述のリエゾンもエリズィオンも おこなわれません．　有音の h には辞書では † の印が語頭につけてあります．

　　　*h*ôtel [otɛl]　ホテル　　　　　　†*h*aut [o]　高い
　　　オテル　　　　　　　　　　　　　　　オー

qu＋母音字

　q に母音字が続くと u が入り，〈qu＋母音字〉[ク k] になります．

　　　*qu*atre [katr]　4　　　*qu*el [kɛl]　どんな　　　*qu*i [ki]　誰
　　　カトル　　　　　　　　　ケル　　　　　　　　　　　キ

s

a. 〈母音字＋s＋母音字〉のとき s は [ズ z]

　　　ro*s*e [ro:z]　バラの花　　　　　u*s*ine [yzin]　工場
　　　ローズ　　　　　　　　　　　　　ユズィーヌ

b. 上記以外の s は [ス s]

　　　*s*oir [swa:r]　晩　　　　　　　　di*s*que [disk]　レコード
　　　ソワール　　　　　　　　　　　　ディスク

ti

a. [ティ ti, tj]：

　　　*ti*ssu [tisy]　織物　　　　ques*ti*on [kɛstjɔ̃]　質問
　　　ティスュ　　　　　　　　　ケスティヨン

b. [スィ si, sj]：

　　　démocra*ti*e [demɔkrasi]　デモクラシー
　　　デモクラスィ

　　　ac*ti*on [aksjɔ̃]　行動
　　　アクスィヨン

B. 二重の子音字

同じ子音字が2つ続くときは，原則として1つの子音として発音.

dessert [desɛ:r]　デザート
デセール

lettre [lɛtr]　手紙
レットル

cc　1. a, o, u の前で [ク k]:

accord [akɔ:r]　一致
アコール

occupé [ɔkype]　忙しい
オキュペ

　　　2. e, i の前で [クス ks]:

accent [aksɑ̃]　アクセント
アクサン

accident [aksidɑ̃]　事故
アクスィダン

mm [m, mm]:

femme [fam]　女
ファム

immobile [immɔbil]　不動の
インモビル

注意　〈母音字＋mm, nn〉は鼻母音になりません.

homme [ɔm]　男, 人間
オム

année [ane]　年
アネ

---

ch　　　[シュ ʃ]

chapeau [ʃapo]　帽子
シャポー

dimanche [dimɑ̃:ʃ]　日曜日
ディマンシュ

---

gn　　　[ニュ ɲ]

montagne [mɔ̃taɲ]　山
モンターニュ

magnifique [maɲifik]　見事な
マニフィク

---

ph, rh, th　　ph [フ f], rh [ル r], th [トゥ t]

photo [fɔto]　写真
フォト

phrase [frɑ:z]　文
フラーズ

rhume [rym]　風邪
リュム

Rhône [ro:n]　ローヌ川
ローヌ

thé [te]　茶
テ

méthode [metɔd]　方法
メトード

フランス語では，語末，つまり単語の終わりの子音字は多くのばあい発音されません．ただし，c, f, l, r は発音されることが少なくありません.

たとえば，「パリ」は Paris と綴りますが，[パリス]ではなく[パリ]と発音します．また，Mont-Blanc のばあいは「山」を意味するMont の語末の t,「白い」を意味する Blanc の c は発音されませんから[モン・ブラン]と読みます.

もちろん固有名詞以外のばあいでも同じで，grand「大きな」の発音は[グラン], alphabet は[アルファベ]といいます.

◆　発音されることが多い語末の子音字 c, f, l, r について

c	lac [lak] 湖　ラック　parc [park] 公園　パルク　cognac [kɔɲak] コニャック　コニャック banc [bɑ̃] ベンチ　バン　tabac [taba] 煙草　タバ
f	canif [kanif] ナイフ　カニフ　neuf [nœf] 新しい　ヌフ　œuf [œf] 卵　ウフ clef [kle] 鍵　クレ
l	cheval [ʃəval] 馬　シュヴァル　sel [sɛl] 塩　セル　avril [avril] 4 月　アヴリル gentil [ʒɑ̃ti] 親切な　ジャンティ　outil [uti] 道具　ウティ
r	fer [fɛːr] 鉄　フェール　mer [mɛːr] 海　メール　noir [nwaːr] 黒い　ノワール aimer [ɛme] 愛する　エメ　janvier [ʒɑ̃vje] 1 月　ジャンヴィエ ＊ 語末の er： 1. [エール ɛr]（多くは 1 音節のとき） 　　　　　　　 2. [エ e]（2 音節以上の綴りのとき）

27

～l と r の音～

l は舌先を上の前歯の裏に軽くあて，舌の両側
から息を出して発音します．

*l*it [li]　ベッド　　sa*l*on [salɔ̃]　客間
　リ　　　　　　　　サロン

r は舌先を下の歯の裏にあて，舌の奥(背)をも
ち上げるように高めて息を通します．

*r*adio [radjo]　ラジオ　libe*r*té [libɛrte]　自由
ラディオ　　　　　　　　リベルテ

注意　r の発音には，舌先をふるわせる，のどびこをふるわせる
　　　などの発音の仕方もありますが，ここにあげたのはパリでつ
　　　かわれている標準的な発音です．

8.　リエゾン (liaison)

🎧 **10**

「プレタポルテ」というフランス語があります．prêt-à-porter と綴
ります．prêt は「準備のできた」の意味の形容詞，porter は「着て
いる」の意味の動詞，à は両者をむすぶ前置詞です．辞書では「既製
服，イージー・オーダーの服」と訳されています．

　このばあい，prêt は単独で読むと，語末の子音字 t は発音されま
せんから[プレ]です．しかし，その直後に母音字 à がくると prêt の
語末の t の音を生かして，à と続けて[プレタ]と発音します．

　このように，単独で読むばあいには発音されない子音字で終わる語
の直後に，母音字（または無音の h）ではじまる語が続くとき，この
発音されない子音字を次の語頭の母音字と続けて発音することを〈リ
エゾン〉(連音)といいます．

　リエゾンは意味の上で密接な関係にある語のあいだでおこなわれる
ものですから，続けて一息に発音されます．

A.　リエゾンによる音の変化

リエゾンによって生ずる子音は主として [z], [t], [n] です.

a.　語末の子音字 s, x は [ズ z] の音で発音.

les_enfants [lezãfã]　子供たち　　　　deux_ans [døzã]　2 年
レザンファン　　　　　　　　　　　　　　　　ドゥザン

b.　語末の子音字 d は [トゥ t] の音で発音.

gran*d*_arbre [grãtarbr]　大きな木
グランタルブル

c.　鼻母音のリエゾンは一般に [鼻母音＋n].

mo*n*_ami [mõnami]　私の友人
モンナミ

注意　f は　neu*f*_ans [nœvã] 「9 年, 9 歳」, neu*f*_heures [nœvœːr]
ヌーヴァン　　　　　　　　　　　ヌーヴール
「9 時」のときだけ [ヴ v] の音でリエゾンされます.

B.　リエゾンされる主なばあい

a.　冠詞・形容詞＋名詞：

un_arbre [œ̃narbr]　1 本の木
アンナルブル

les_hommes [lɛzɔm]　男たち
レゾム

petit_enfant [pətitãfã]　幼い子供
プティタンファン

grand_homme [grãtɔm]　偉人
グラントム

b.　主語人称代名詞＋動詞：

nous_avons [nuzavõ]　私たちはもっている
ヌーザヴォン

c.　副詞＋形容詞・副詞：

très_utile [trɛzytil]　非常に役立つ
トレズュティル

pas_encore [pazãkɔːr]　まだ
パザンコール

29

d. **c'est** のあとで：

    C'est‿un livre. [sɛtœ̃ liːvr]　それは本です.
    セタン　　リーヴル

C.　リエゾンしてはいけないばあい

a.　接続詞 **et** (= *and*) のあとで：

    un garçon et│une fille [œ̃ garsɔ̃ e yn fij]　男の子と女の子
    アン　ガルソン　エ　ユヌ フィーユ

b.　有音の **h** の前で：

    les│hautes montagnes [le oːt mɔ̃taɲ]　高い山
    レ　　オート　　モンターニュ

c.　主語名詞＋動詞：

    Cet‿enfant│est gentil. [sɛtɑ̃fɑ̃ ɛ ʒɑ̃ti]　この子供はやさしい.
    セッタンファン　エ ジャンティ

d.　単数名詞＋形容詞：

    un‿enfant│intelligent [œ̃nɑ̃fɑ̃ ɛ̃teliʒɑ̃]　頭のいい子供
    アンナンファン　アンテリジャン

　今までどういうばあいにリエゾンされるか, リエゾンしてはいけないかを見てきましたが, このほかにリエゾンしてもしなくてもよいばあいがあります.

　一般に朗読や詩・歌など, あらたまった話し方ではリエゾンされることが多く, 会話などくだけた話し方ではリエゾンは少なくなると言えます. これは慣れでおぼえてゆくことです.

9. アンシェヌマン (enchaînement)

　リエゾンは発音されない語末の子音字のあとで生ずる現象ですが，もともと発音される語末の子音が，後続の語頭の母音と結びついて1つの音節をつくるばあいがあります．これをアンシェヌマンといいます．

　たとえば，il‿a 〜「彼は〜をもっている」というとき，il は[イル]，a は[ア]ですから，il a は[イルア]と読んでもよさそうですが，実際には il の l と a を結びつけて [イラ ila] と発音します．

　同様に，elle‿est 〜「彼女は〜です」は[エルエ]ではなく[エレ ɛle]となります．また，une‿auto「1台の自動車」は[ユヌオト]ではなく[ユノト]と発音します．

注意　リエゾンされる箇所は ‿ で，アンシェヌマンがおこなわれる箇所は ⌒ で示してあります．もちろんこれらのしるしは実際の文につけるわけではありません．学びはじめの人たちへの参考までに，この本では20課までつけてあります．

10. エリズィオン (élision)

　フランス語では，母音と母音が続くのをさける傾向があります．エリズィオンもその現われの1つです．

　le, la, de など母音字 e, a, i で終わる1音節の語の直後に母音字（または無音の h）ではじまる語が続くと，e, a, i をはぶいて，その代わりにアポストロフ (’) を打ちます．これをエリズィオン（母音字の省略）といいます．

　　　＊　アポストロフのあとでは綴りを一旦切ります．

c’est ⟶ *c’est*

◆　エリズィオンがおこなわれる語の主なもの

le (定冠詞)	**la** (定冠詞)	**de** ～ ～の	**ne** (否定副詞)
ル	ラ	ドゥ	ヌ
je 私は	**me** 私を(に)	**te** きみを(に)	**se** 自分を(に)
ジュ	ム	トゥ	ス
que (疑問詞・関係代名詞・接続詞)		**si** =*if*	
ク		スィ	

le ami → l'ami　その友人
　　　　　ラミ
la histoire → l'histoire　　歴史
　　　　　リストワール
la Université de Osaka → l'Université d'Osaka　　大阪大学
　　　　　　　　　　　　　　リュニヴェルシテ　　ドォサカ

注意　si は il「彼」, ils「彼ら」の前でのみ s'il, s'ils.

11.　イントネーション (intonation)　🎧 13

　今まで学んできた発音の約束にしたがって組立てられた文が，実際に話されるばあいは，何らかのイントネーション (抑揚) が加わります．イントネーションは，その場の情況や話者の感情などによって微妙に変わりますが，ここでは基本的な型をあげておきます．

a.　あげたあと，さげるばあい．

　平叙文では，あることを提示する部分はあげて，その説明は文末へと次第にさげます．イントネーションの基本型です．

Il n'est pas Français.　　　　　　　[パ]　　彼はフランス人ではありま
イル　ネ　パ　フランセ　　　　　　　　　　　　せん．
(提示(上昇)部：Il n'est pas　　説明(下降)部：Français)

32

b. 文末をあげるばあい.

疑問詞をつかわない疑問文では，文末があがります.

Vous êtes pressé?　 急いでいますか？
ヴーゼット　　ブレッセ

c. 文末をさげるばあい.

1. 疑問詞 (combien, où, quand, que, *etc.*) が文頭におかれる疑問文では，文頭が高く，文末は一般にさがります.

Où est-il?　── ↘ 彼はどこにいますか？
ウー　エティル　　　[ティル]

ただし，日常会話では文末をあげることもあります.

Qu'est-ce que c'est?　 これは何ですか？
ケス　　　ク　　セ

2. 命令文と感嘆文では，文頭が高く，文末へとさがります.

Écoutez bien!　── ↘ よくお聞きなさい.
エクテ　ビエン　　　　[ビエン]

イントネーションは文字で説明できるものではありません. テープやラジオ，テレビなどのフランス人の発音をよく聞いて，少しずつフランス語のリズムに耳を慣らすように心がけてください.

12. 音節の切り方

音節には，綴り字の面からと音声の面からの2つの切り方があります
が，ここでは綴り字上の切り方の主な点についてあげておきます.

a. 〈子音字＋母音字〉で1音節がつくられます.

　　ma/da/me 奥さん　　　ca/ma/ra/de 仲間
　　マ ダ ム　　　　　　カ マ ラード

b. 二重子音字はその中間で切り，2音節に分けられます.

　　com/ment どのように　　mar/ron/ni/er マロニエ
　　コ　マン　　　　　　　　マ　ロ ニ エ

c. ch, ph, rh, th, gn および〈子音字＋l, r〉のばあいはその中間
で切ることはできません.

　　té/lé/pho/ner 電話する　　ma/gni/fi/que 見事な
　　テ レ フォ ネ　　　　　　マ ニ フィ ク

─筆 記 体─

34

発音練習　🎧 14

A. e の発音に注意しながら読みなさい.

1. demi　半分の　　3. élève　　生徒　5. menu　　メニュー
2. école　学校　　　4. fenêtre　窓　　6. promenade 散歩

B.　連続した母音字の発音に注意しながら読みなさい.

1. saison　季節　　　3. bateau　船　　5. bœuf　　牛
2. Seine　セーヌ川　4. rouge　　赤い　6. voix　　声

C.　鼻母音に注意しながら読みなさい.

1. enfant　　　子供　3. pain　　パン　5. chanson 歌
2. printemps　春　　4. pont　　橋　　6. brun　　茶色の

D.　語尾の s の発音に注意しながら読みなさい.

1. après　　　の後で　3. bois　森　　5. mars　3月
2. autobus　バス　　　4. fils　息子　6. pays　国

E.　語尾の c の発音に注意しながら読みなさい.

1. avec　と一緒に　3. blanc　白い　　5. lac　　湖
2. banc　ベンチ　　4. franc　（貨幣単位）6. parc　公園

F. l と r の発音に注意しながら読みなさい.

1. loi　法律 / roi　国王
2. lire　読む / rire　笑う

1 Voilà un garçon.

A. 名詞の性

　フランス語では，名詞はすべて男性または女性のどちらかに属します．人間や動物のように男女・雌雄の性別があるものは文法上も自然の性別にしたがいますが，「本」や「雑誌」など事物を示す名詞，あるいは「愛」や「自由」などの抽象名詞も文法上の約束として男性か女性かどちらかにきまっています．

男性名詞		女性名詞	
père ペール	父	mère メール	母
coq コック	雄鶏（おんどり）	poule プール	雌鶏（めんどり）
livre リーヴル	本	revue ルヴュ	雑誌
amour アムール	愛	liberté リベルテ	自由
Japon ジャポン	日本	France フランス	フランス

注意　名詞が男性か女性かによって，その名詞につく冠詞や形容詞などの形もきまります．したがって，このあとで学ぶ不定冠詞などをつけて (*un* livre, *une* revue)，「本」は男性，「雑誌」は女性のように，名詞はかならず性別もいっしょにおぼえる習慣をつけましょう．

　そのばあい，男性と女性とを見分けるうまい方法は残念ながらほとんどありません．結局，それぞれの名詞について，ひとつひとつ根気よく性別を暗記してゆくことです．

　　　＊　辞書などでは，男性名詞は *n.m.* または 圐；女性名詞は *n.f.* または 因 で示されます．

B. 名詞の数

名詞は単数か複数か，いずれかの形でつかわれます．

（原則）　**名詞の単数形 ＋ s ＝ 名詞の複数形** 🎧

> 単数形：　garçon「少年」→ 複数形：　garçon**s**「少年たち」
> 　　　　　ガルソン　　　　　　　　　　　　ガルソン

発音　複数を示す〈s〉はつねに発音されないことに注意してください．したがって，単数形でも複数形でも発音は同じです．

　つまり，耳で聞くばあいは単数と複数の区別はつきません．両者の区別は冠詞がつくことによってはじめて明らかになるのです．

原則以外の複数形をとる主なもの：

	単数形の語尾		複数形の語尾
1.	**-s, -x, -z** →		不変
	fil*s*　　フィス	息 子	fil*s*　　フィス　🎧
	voi*x*　　ヴォワ	声	voi*x*　　ヴォワ
2.	**-al** →		**-aux**
	anim*al*　アニマル	動 物	anim*aux*　アニモー
	journ*al*　ジュルナル	新 聞	journ*aux*　ジュルノー
3.	**-u** →		**-ux**
	chapea*u*　シャポー	帽 子	chapea*ux*　シャポー
	cheve*u*　シュヴー	髪の毛	cheve*ux*　シュヴー

37

C.　フランス語の冠詞

　フランス語では，名詞だけではその名詞が示す物の観念をあらわすにすぎません．名詞に冠詞がつくことによってはじめて具体的にそのものを指すことができるといえます．

　ところで，フランス語の冠詞には，英語と同じように〈不定冠詞〉〈定冠詞〉のほか，フランス語特有の〈部分冠詞〉とよばれる冠詞があります．名詞の前には，これらの冠詞のいずれかをつけるのが原則で，冠詞のはぶかれた名詞はむしろ例外的用法に属します．

D.　不定冠詞

	男性形	女性形
単数形	**un** アン	**une** ユヌ
複数形	**des** デ	

　un, une は，1つ，2つと数えられるものをあらわす名詞の前におかれて，不特定な「1つの〜，ある〜」を，des は「いくつかの〜」をあらわします．

　　　　＊　不定冠詞は英語の〈a〉にあたる冠詞ですが，フランス語では単数のばあい，名詞が男性であるか女性であるかによって形が変わります．また，英語では冠詞がつかない複数名詞にも，フランス語では複数形の冠詞がつきます．
　　　　＊　「子供」enfant，「生徒」élève など若干の名詞は男性にも女性にも用いられます．たとえば，男性単数形をつけて *un* enfant [アンナンファン] といえば「男の子供」，女性単数形をつけて *une* enfant [ユナンファン] といえば「女の子供」を意味します．辞書などでは単に *n.* または 図 で示されます．

発音　名詞が母音字または無音の h ではじまるときには un および des と，次にくる母音字との間ではリエゾンがおこなわれます．また，une と次にくる母音字との間ではアンシェヌマンがおこなわれます．

un‿arbre　→　des‿arbres　　木　　　　　　　　🎧
アンナルブル　　　デザルブル

un‿hôtel　→　des‿hôtels　　ホテル
アンノテル　　　デゾテル

une‿auto　→　des‿autos　　自動車
ユノト　　　　デゾト

E.　Voilà ～, Voici ～

voilà, voici は元来ものを指し示しながら，「ほら，ごらんなさい，あそこに(ここに)～があります(います)，あれが(これが)～です」といった気持でつかわれる言いまわしです．

Voilà Notre-Dame de Paris.　　　　　　　　🎧
ヴォワラ　ノートル　　ダム　　ドゥ　　パリ

　　　　　あれがノートル・ダム寺院です．

Voici Jean.　　ここにジャンがいます．
ヴォワスィ　ジャン

voilà, voici はどの品詞にも属さず，〈Voilà (Voici)＋冠詞＋名詞〉の形でつかわれます．

　なお，原則として，voilà ～ は「あそこに～があります，あれが～です」の意味で遠くのものを指し，voici ～ は「ここに～があります，これが～です」の意味で近くのものを指すとされていますが，今日では遠近の区別なく voici に代わって voilà をつかうことが少なくありません．

1. Voici *un* livre.
   ヴォワスィ アン リーヴル
   ここに〔1冊の〕本があります.

2. Voici *une* revue.
   ヴォワスィ ユヌ ルヴュ
   ここに〔1冊の〕雑誌があります.

3. Voici *des* livres.
   ヴォワスィ デ リーヴル
   ここに〔何冊かの〕本があります.

4. Voici *des* revues.
   ヴォワスィ デ ルヴュ
   ここに〔何冊かの〕雑誌があります.

5. Voilà *un* garçon.
   ヴォワラ アン ガルソン
   あそこに〔1人の〕男の子がいます.

6. Voilà *une* fille.
   ヴォワラ ユヌ フィーユ
   あそこに〔1人の〕女の子がいます.

7. Voilà *des* garçons et *des* filles.
   ヴォワラ デ ガルソン エ デ フィーユ

   あそこに男の子たちと女の子たちがいます.

練習 1

不定冠詞 un, une, des のいずれかを点線部に文字で書き入れ, 全文を声に出して読みなさい.

1. Voici _____ livre.   6. Voici _____ revue.

2. Voici _____ crayon.   7. Voici _____ chapeaux.

3. Voici _____ cahier.   8. Voilà _____ arbre.

4. Voilà _____ hôtel.   9. Voilà _____ journaux.

5. Voilà _____ enfants.   10. Voilà _____ garçons.

2 Qu'est-ce que c'est?

A. Qu'est-ce que c'est?

「これは (あれは) 何ですか?」という言いまわしとしておぼえます.
この表現は「これは」でも「あれは」でもかまいません. 遠近の別な
くつかわれます. 発音は [ケスクセ].

また,「これ」でも「これら」でも, つまり単数・複数の別なく, こ
の形でつかわれます.

B. C'est ～, Ce sont ～

Qu'est-ce que c'est? という問いに対しては, ふつうつぎの形で答
えます.

C'est セ	＋単数名詞	これは (それは) ～です.
Ce sont ス ソン	＋複数名詞	これらは (それらは) ～です.

Qu'est-ce que c'est?　　　　　これは何ですか?
　　ケスクセ

— *C'est* un mouchoir.　　　　それはハンカチーフです.
　　セタン　　ムショワール

— *Ce sont* des mouchoirs.　　それらはハンカチーフです.
　ス　ソン　デ　ムショワール

— *C'est* une cravate.　　　　それはネクタイです.
　　セテュヌ　　クラヴァト

— *Ce sont* des cravates.　　それらはネクタイです.
　ス　ソン　デ　クラヴァト

注意　答が複数のばあいでも問いはつねに Qu'est-ce que c'est? で,
　　　Qu'est-ce que *ce sont*? とは言いません.

C. Est-ce que ～?

Est-ce que ～ は疑問をあらわす言いまわしで，これを肯定文の前におくと疑問文になります．「～ですか?」の「か?」にあたると言うことができます．

$$\begin{cases} \text{C'est\_un moineau.} & \text{あれはすずめです．} \\ \quad \text{セタン} \quad\quad \text{モワノー} & \\ \textit{Est-ce que}\ \text{c'est\_un moineau ?} & \text{あれはすずめですか?} \\ \quad \text{エスク} \quad\quad \text{セタン} \quad\quad \text{モワノー} & \end{cases}$$

D. 定 冠 詞

	男性形	女性形
単数形	**le (l')** ル	**la (l')** ラ
複数形	**les** レ	

発音 名詞が母音字または無音の h ではじまるばあい，le, la はどちらも l' の形をとります．つまり母音が続くのをさけるためエリズィオンがおこなわれます．(☞ *p. 31* の 10.) また，複数形 les とつぎにくる母音字の間ではかならずリエゾンがおこなわれます．

単数形		複数形	
le livre ル リーヴル	→	*les* livres レ リーヴル	本
la maison ラ メゾン	→	*les* maisons レ メゾン	家
*l'*étudiant レテュディアン	→	*les*_étudiants レゼテュディアン	〔男の〕学生
*l'*étudiante* レテュディアント	→	*les*_étudiantes レゼテュディアント	〔女の〕学生
*l'*homme ロム	→	*les*_hommes レゾム	男，人間

42

* 自然の性別をそなえた名詞には，男性名詞の語尾に 〈-e〉 をつけて女性名詞をつくるものがあります．

ami 〔男の〕友人 → ami**e** 〔女の〕友人 🎧
アミ　　　　　　　　　　　アミ

Français 〔男の〕フランス人 → Français**e** 〔女の〕フランス人
フランセ　　　　　　　　　　　　フランセーズ

E. 定冠詞のおもなつかい方

1 特定化用法

a. すでに話題になったもの「その〜」，あるいは聞く人にあらかじめそれとわかるものを指すばあい．

Voici une montre. *La* montre est sur *la* table. 🎧
ヴォワスィ ユヌ　モントル　ラ　モントル　エ スュール ラ ターブル

ここに時計があります．その時計は机の上にあります．

(*Here is a watch. The watch is on the table.*)

(la montre はすでに話題になって〈特定化〉され，la table はその場の状況で聞き手との間で〈特定化〉されています)

b. 名詞のあとに，それを限定する補語などがついているばあい．

C'est *la* montre de Michel. それはミシェルの時計です． 🎧
セ ラ モントル ドゥ ミシェル

(de Michel「ミシェルの」と限定されることによって montre が〈特定化〉されています)

c. 聞き手にもすぐそれとわかるもの，1つしかない特定のもの．

Voilà *la* tour Eiffel. あれがエッフェル塔です． 🎧
ヴォワラ ラ トゥール エッフェル

***le* soleil** 太陽 　　***la* lune** 月 　　***la* Seine** セーヌ川
ル ソレイユ　　　　　ラ リュヌ　　　　　ラ セーヌ

総称的用法

名詞が あらわすもの の 種属全体を 示す用法で，「～という ものは」
の意味をもち，フランス語ではよく用いられます．

Le cheval est un animal utile. 🎧
ル　シュヴァル　　エタンナニマル　　ユティル

馬〔というもの〕は役に立つ動物です．

Les chevaux sont des animaux utiles.
レ　シュヴォー　ソン　　デザニモーズュティル

複数形の les をつかうと，「馬〔というもの〕は〔どんな馬でもすべ
て〕役に立つ動物です」の意．

1. Qu'est-ce que c'est ? — C'est un briquet. 🎧
ケスクセ　　　　　　セタン　　ブリケ

これは何ですか？— それはライターです．

2. Est-ce que c'est un briquet ? これはライターですか？
エスク　　セタン　　ブリケ

— Oui*, c'est un briquet.　C'est *le* briquet de Michel.
ウィ　セタン　　ブリケ　　　セ　ル　ブリケ　ド　ミシェル

はい，それはライターです．それはミシェルのライターです．

*　oui = *yes*. また non = *no*.

練習 2

A. つぎのそれぞれの絵について，Qu'est-ce que c'est? と問い，C'est un ～. C'est une ～. Ce sont des ～. のいずれかで答えなさい. 単語はすでに学んだものばかりです.

1.

2.

3.

4.

5.

6.

B. 定冠詞 le, la, l', les のいずれかをつけ，声に出して読みなさい.

1. amour	5. élève	9. autos
2. cheval	6. liberté	10. lune
3. France	7. maisons	11. soleil
4. arbres	8. homme	12. Japon

C. つぎの文をフランス語で言ったあと，文字で書きなさい.

1. あれは何ですか？— あれはエッフェル塔です.

2. ジャンの時計はテーブルの上にあります.

3. あそこに 1 軒の家があります. あれはミシェルの家です.

3 Où est maman?

A. 動詞 être の現在形

動詞 être は英語の *to be* にあたる重要な動詞で,「～です, ～にいます(あります)」などの意味をもちます. 使用頻度がきわめて高いので, その活用と正確な発音をしっかりとおぼえてください.

◆ être の現在形 🎧

je	**suis**	nous	**sommes**
ジュ	スュイ	ヌー	ソム
tu	**es**	vous	**êtes**
テュ	エ		ヴーゼット
il	**est**	ils	**sont**
	イレ	イル	ソン
elle	**est**	elles	**sont**
	エレ	エル	ソン

発音 il est は[イルエ]ではなくて[イレ], elle est は[エルエ]ではなくて[エレ]のようにアンシェヌマンがおこなわれます. また vous êtes はリエゾンがおこなわれて[ヴーゼット]と発音されます.

B. 主語となる人称代名詞

		単数形				複数形	🎧
1 人称	①	**je** ジュ	私は		④	**nous** ヌー	私たちは
2 人称	②	**tu** テュ	きみは		⑤	**vous** ヴー	あなたは あなた方は きみたちは
3 人称	③	**il** イル **elle** エル	彼は それは 彼女は		⑥	**ils** イル **elles** エル	彼らは それらは 彼女たちは

これからは いろいろな 動詞の活用形を 少しずつ 勉強して ゆきます
が，動詞の活用形はかならず主語人称代名詞をつけて，je ～, tu ～
のようにおぼえる習慣をつけてください.

　ここで，主語人称代名詞のすべてについてまとめてみましょう.

　1　je はあとにくる動詞が，母音字または無音の h ではじまると
きにはエリズィオンがおこなわれて，j' の形になることに注意しまし
ょう. また，je は文頭以外では小文字で書きます.

　j'aime 「私は愛している」　　j'habite 「私は住んでいる」
　ジェーム　　　　　　　　　　　ジャビット

　2　tu は親子・夫婦・兄弟・友人・恋人どうしなど，ごく 親しい
間柄にかぎってつかわれます.

　3　il (＝he) は「彼は」をあらわすほか，物をあらわす既出の男性
単数名詞に代わって「それは」；同様に elle (＝she) は「彼女は」の
ほか，既出の女性単数名詞に代わって「それは」の意味をもちます.

　5　vous は2人称複数形に区分されていますが，相手が1人でも
「あなたは」というばあいにはこの形がつかわれます.

　6　ils, elles は英語の *they* にあたりますが，3と同じように，ils
は既出の男性複数名詞に代わって，また elles は既出の女性複数名詞
に代わって「それらは」の意味につかわれます.

C.　Où est ～?　Où sont ～?

　どちらも 「～はどこにありますか (いますか)?」をあらわす言いま
わしです. où は英語の *where* にあたり，「どこに，どこへ」を示す
疑問副詞です. また，est と sont は前ページでみた動詞 être の3人
称単数形と複数形であることは言うまでもありません.

　〈Où est ～?〉はあとに単数名詞がくるばあい，〈Où sont ～?〉
はあとに複数名詞がくるばあいにつかわれます.

1. *Je suis* jeune.　*Tu es* jeune.　*Nous sommes* jeunes.　🎧
　　ジュ スュイ ジュヌ　　テュ エ ジュヌ　　ヌー　　ソム　　　ジュヌ

　　　私は若い.　　　　　きみは若い.　　　　私たちは若い.

2. *Où est* l'oiseau? — *Il^est* dans la cage.
　　ウー　エ　　ロワゾー　　　　　　イレ　　ダン ラ カージュ

　　　　　　　　その鳥はどこにいますか? — それはかごの中にいます.

3. *Où est* maman? — *Elle^est* dans la cuisine.
　　ウー　エ　　ママン　　　　　　エレ　　　ダン ラ キュイズィーヌ

　　　　　　　　　ママはどこ? — 彼女は台所〔の中〕にいます.

4. *Où sont* les lunettes? — *Elles sont* sur la table.
　　ウー　ソン　レ　リュネット　　　　エル　ソン スュール ラ ターブル

　　　　　　めがねはどこにありますか? — それは机の上にあります.

　　　　　　　　　　　　（「めがね」はふつう複数形でつかいます）

D.　属　詞

　たとえば,「彼は新聞記者です」という文をフランス語で言えば
Il est journaliste. [イレ ジュルナリスト]となります. 英語に移すと,
He is a journalist. でしょう.

　このばあい, *a journalist* は英語で〈主格補語〉といいますが, フ
ランス語では journaliste を〈主語の属詞〉とよびます.

　属詞 (attribut [アトリビュ]) は動詞 être などにみちびかれて, 主
語の性質・状態などを示します. そして, 属詞が国籍・職業・身分な
どをあらわす名詞のばあい, その名詞には冠詞をつけません.

Nous sommes *Japonais.*　私たちは日本人です.　🎧
ヌー　　ソム　　ジャポネ

Elle^est *dactylo.*　　　　彼女はタイピストです.
エレ　　　ダクティロ

ただし, 属詞となる名詞が形容詞を伴えば, 冠詞がつきます.

Monsieur Renard est un médecin *célèbre.*
ムスィウ　　ルナール　エタン メドゥセン セレーブル

　　　　　　　　　　ルナールさんは有名なお医者です.

48

また，c'est, ce sont のあとでも冠詞がつきます.

C'est_*un* Parisien.　　　Ce sont *des* Parisiens.
セタン　　パリズィヤン　　　ス　ソン　デ　　パリズィヤン

パリっ子です.　　　　　　　パリっ子たちです.

E.　monsieur などの敬語

相手の問いに答えるばあい，tu をつかって話すような親しい間柄では，「はい」，「いいえ」は単に Oui, Non だけでかまいません.

しかし，とくに親しいというほどでもない相手，あるいは目上の人に対しては, Oui, monsieur. のように, monsieur (男性に), madame (既婚女性に), mademoiselle（未婚女性に）を添えるほうが丁寧な言い方になります.

この敬称は日常の挨拶ことばにもひんぱんに添えられます.

Bonjour, *monsieur*.　　　こんにちは.　　　　　　　🎧
ボンジュール　ムスィウ

Merci, *madame*.　　　　　ありがとう.（奥さま）
メルスィ　　　マダム

Au revoir, *mademoiselle*.　さようなら.（お嬢さん）
オールヴォワール　マドゥモワゼル

　　　*　monsieur の特別な読み方[ムスィウ]に注意しましょう.
　　　*　不定冠詞をつけて *un* monsieur というと「男の人」(homme より丁寧), *une* dame は「ご婦人」(femme より丁寧).
　　　*　Monsieur (Madame, Mademoiselle) Renard のように姓がつくばあい, M. (Mme, Mlle) Renard と省略して書くことがあります.
　　　*　複数の男性には messieurs [メスィウ]，複数の既婚女性には mesdames [メダム]，複数の未婚女性には mesdemoiselles [メドモワゼル] をつかいます.

A.　文意に応じて，不定冠詞または定冠詞を点線部に入れ，全文を読みなさい． 🎧

1.　Voilà ＿＿＿ maison：c'est ＿＿＿ maison de Jean.

2.　＿＿＿ chien est ＿＿＿ animal fidèle.

3.　Est-ce que c'est ＿＿＿ briquet？— Oui, c'est ＿＿＿ briquet de Paul.

B.　点線部に être の現在の活用形を書き入れて，全文を声に出して読みなさい． 🎧

1.　Où ＿＿＿ les crayons？

2.　Il ＿＿＿ le père de Jean.

3.　Elles ＿＿＿ les enfants de Monsieur Dupont.

4.　Vous ＿＿＿ professeur.

C.　点線部に，monsieur, madame, mademoiselle を入れて，それぞれ数回ずつ繰返して読みなさい．

1.　Oui, 　　　　．　3.　Bonjour, 　　　　．　5.　Au revoir, 　　　　．

2.　Non, ＿＿＿．　4.　Merci, ＿＿＿．

```
╭〜職業を示す単語〜────────────────────────────────╮
│ acteur(trice) 俳優       dactylo タイピスト      médecin 医者      │
│ アクトゥール(トリス)        ダクティロ              メドゥセン          │
│ avocat 弁護士           employé[e] 会社員      journaliste 記者   │
│ アヴォカ                 アンプロワィエ            ジュルナリスト        │
│ chanteur(se) 歌手      étudiant[e] 学生       professeur 教授, 先生│
│ シャントゥール(ズ)          エテュディアン[ト]         プロフェスール        │
╰─────────────────────────────────────────────╯
```

4 Vous êtes Français?

A. 疑問のあらわし方

フランス語では，疑問文はつぎの3つの構文のいずれかであらわされます.

> ① イントネーションによる.
> ② Est-ce que を文頭におく.
> ③ 倒置による.

あなたはフランス人ですか？

① Vous_êtes Français?
　　ヴーゼット　　　フランセ

② Est-ce que vous_êtes Français?
　　エスク　　　　ヴーゼット　　　　フランセ

③ Etes-vous Français?
　　エット　ヴー　　　フランセ

---

① ふつうの抑揚で，Vous êtes Français. (╱　╲)というと，「あなたはフランス人です」の意味の平叙文ですが，文末の調子を上げると，イントネーションだけで疑問文になります.

このイントネーションによる疑問のあらわし方は，もっぱら〈話しことば〉でつかわれます.

② Est-ce que が疑問をあらわす言いまわしであることは，すでに学びました (☞ p. 42).

(☞ p. 42)

Vous êtes Français.　あなたはフランス人です.

Est-ce que vous êtes Français?　あなたはフランス人ですか？

この構文も〈話しことば〉でよくつかわれます. Est-ce que と話し出すことによって疑問文であることが強調されます.

3 平叙文は，〈主語人称代名詞＋動詞...〉の語順をとるのがふつうですが，主語人称代名詞と動詞の順序を逆にして(これを〈**倒置**〉といいます)，その間をトレ・デュニオン (-) でむすぶと疑問文になります．

Vous êtes Français. → *Etes-vous* Français?

この倒置の構文は，主として〈書きことば〉でつかわれます．

B. 動詞 être の倒置による疑問形 🎧

suis-je ? スュイ ジュ	私は〜ですか？
es-tu ? エ テュ	きみは〜か？
est-il ?　est-elle ? エティル　　エテル	彼は・彼女は〜ですか？
sommes-nous ? ソム　　ヌー	私たちは〜ですか？
êtes-vous ? エット ヴー	あなた(あなた方)は〜ですか？
sont-ils ?　sont-elles ? ソンティル　　ソンテル	彼らは・彼女たちは〜ですか？

1. *Es-tu* sportif ?　　きみはスポーツ好き？ 🎧
   エ テュ スポルティフ

2. *Est-il* médecin ?　　彼は医者ですか？
   エティル　メドゥセン

3. *Est-elle* dactylo ?　　彼女はタイピストですか？
   エテル　　ダクティロ

4. *Etes-vous* heureux ?　　あなたは幸せですか？
   エット ヴー　　ウールー

C.　主語が名詞のばあいの疑問文

　これまで見てきた倒置による疑問文は，主語が人称代名詞のばあい
でした．ところが，主語が名詞のばあい，倒置による疑問文はつぎの
ようにやや複雑な構成をとります．

　主語名詞 + 動詞 - 主語名詞の性と数に応じた 3 人称主語代名詞*?

　わかりやすく説明するため，例をあげてみましょう．
　たとえば，「フランス語はむずかしい」という文はフランス語では，
Le français est difficile. です.
　　ル　　フランセ　　エ ディフィスィル

　ところで，この文を疑問文にするには文頭に Est-ce que をつけて
も疑問文になりますが，主語が名詞 (le français) であるこの文を倒
置によって疑問文にかえるばあいには，つぎの構文になります．

　Le français est のあと，主語名詞 (le français) の性(男性)と数
(単数)に応じた 3 人称主語代名詞 (すなわち il) をトレ・デュニオン
でむすぶと，Le français est-*il* difficile?「フランス語は〔それは〕むず
かしいですか?」となります．

　また，Les questions sont difficiles.「その質問はむずかしい」という
文を倒置形で疑問文にかえると，les questions は女性・複数なので，
Les questions sont-*elles* difficiles? となります．
　レ　　ケスティヨン　　ソンテル　　ディフィスィル

> 　* 主語名詞の性と数に応じた 3 人称主語代名詞とは，具体的に
> 示すとつぎのとおりです．
> 　主語名詞が男性・単数であれば -il, 女性・単数であれば -elle,
> 男性・複数であれば -ils, 女性・複数であれば -elles を，動詞のあ
> とに添えます．
> 　男性名詞と女性名詞がまじった主語のばあい，1 つでも男性名詞
> が入っていれば男性複数扱い，つまり -ils であらわします．

1. Voilà Jeanne.　Jeanne est-*elle* Française ?
   ヴォワラ　ジャンヌ　　　ジャンヌ　　エテル　　フランセーズ

   　　　　あそこにジャンヌがいます．ジャンヌはフランス人ですか？

2. Jean et Louis sont-*ils* Français ?
   （男）　　　（男）　ソンティル　　フランセ

   　　　　　　　　　　　　ジャンとルイはフランス人ですか？

3. Marie, Jeanne, Louise et Jean sont-*ils* Français ?
   （女）　　（女）　　（女）　　　（男）

   　　　　　　マリー，ジャンヌ，ルイーズ，ジャンはフランス人ですか？

D.　否定のあらわし方

　　否定文は動詞の前に **ne** [ヌ] を，動詞の後に **pas** [パ] をおきます．
ne は母音字または無音の h ではじまる動詞の前では n' になります．

主語〔人称代名詞〕＋ **ne** (**n'**) ＋ 動詞 ＋ **pas**...

◆　動詞 être の現在・否定形

je *ne* suis *pas* ～. ジュ ヌ スュイ バ	私は～ではありません．
tu *n'*es *pas* ～. テュ ネ バ	きみは～ではない．
il (elle) *n'*est *pas* ～. イル エル ネ バ	彼(彼女)は～ではありません．
nous *ne* sommes *pas* ～. ヌー ヌ ソム バ	私たちは～ではありません．
vous *n'*êtes *pas* ～. ヴー ネット バ	あなた〔方〕は～ではありません．
ils (elles) *ne* sont *pas* ～. イル エル ヌ ソン バ	
	彼ら(彼女たち)は～ではありません．

1. Vous_êtes fatigué? — Non, je *ne* suis *pas* fatigué.
   ヴーゼット　ファティゲ　　　ノン　ジュ　ヌ　スュイ　パ　ファティゲ

   疲れましたか? — いいえ, 疲れていません.

2. Le français *n'est pas* difficile, il_est facile.
   ル　フランセ　　ネ　　　パ ディフィスィル イレ ファスィル

   フランス語はむずかしくありません, 〔それは〕やさしいです.

3. C'est cher? — Non, ce *n'est pas* cher.
   セ　シェール　　　ノン　ス　ネ　パ シェール

   それは高い(高価)ですか? — いいえ, 高くありません.

練習 4

A. つぎの文を倒置形によって疑問文に言いかえなさい.

1. La leçon est difficile.　(その学課はむずかしい)
   ラ　ルソン　エ ディフィスィル

2. Le professeur est debout.　(先生は立っています)
   ル プロフェスール エ　ドゥブー

3. Monsieur et Madame Leblanc sont_heureux.
   ムスィウ　エ　マダム　　ルブラン　　ソントゥルー

B. つぎの文をフランス語で言ったあと, 文字で書きなさい.

1. ジャンとルイはどこにいますか? — 彼らは教室 (classe 囡)〔の中〕
にいます.

2. 私は弁護士ではありません, 医者です. (☞ *p. 50* 職業を示す単語)

3. きみたちは学生ですか? — 私たちは学生ではありません.

55

5 **A-t-il des parents?**

A. 動詞 avoir の現在形

　動詞 avoir は英語の *to have* にあたる重要な動詞で，「～をもつ」
の意味をもちます．être とならんで使用頻度の高い動詞ですから，そ
の活用と正確な発音をしっかりおぼえましょう．

　♦　avoir の現在形

j'ai ジェ	nous‿avons ヌーザヴォン
tu　as テュ　ア	vous‿avez ヴーザヴェ
il⌢　a イラ	ils‿　ont イルゾン
elle⌢a エラ	elles‿ont エルゾン

発音　il a は［イルア］ではなくて［イラ］, elle a は［エルア］ではなくて
［エラ］のようにアンシェヌマンがおこなわれます．

　1・2・3人称とも複数形は nous‿avons, vous‿avez, ils‿ont,
elles‿ont とリエゾンがおこなわれます．　これに対してすでに学んだ
être の現在の3人称複数形は ils sont［イルソン］, elles sont［エルソン］
と発音されることに気をつけましょう．

　♦　avoir の現在・否定形「もっていません」

je *n'ai pas* ジュ　ネ　パ	nous *n'avons pas* ヌー　　ナヴォン　　パ
tu *n'as pas* テュ　ナ　パ	vous *n'avez pas* ヴー　　ナヴェ　パ
il (elle) *n'a pas* イル　エル　ナ　パ	ils (elles) *n'ont pas* イル　エル　ノン　パ

♦ avoir の現在・倒置による疑問形「もっていますか?」

ai-je? エージュ	avons-nous? アヴォンヌー
as-tu? アテュ	avez-vous? アヴェヴー
a-t‿il? a-t‿elle? アティル アテル	ont‿ils? ont‿elles? オンティル オンテル

注意 3人称単数形では, 母音が続くのをさけて発音しやすくするため, -t- が入ること. その結果リエゾンがおこなわれ, [ティル] [テル]と発音されることに注意しましょう.

B. 〈 avoir faim 〉 など

avoir faim の faim は「空腹」囡 ですが, avoir faim で「空腹である」という意味の熟語になります. つぎに掲げた, よく用いられるいくつかの表現も同じ構成で, このばあい冠詞は不要, avoir は「感ずる」の意味をもちます.

avoir faim アヴォワール ファン	空腹である	avoir chaud ショー	暑い
avoir soif ソワフ	のどがかわく	avoir froid フロワ	寒い

    * 気温が「暑い, 寒い」は〈非人称構文〉(☞ *p. 107*).

1. *Avez*-vous soif? — Non, je n'*ai* pas soif.
   アヴェ ヴー ソワフ ノン ジュ ネ パ ソワフ

           のどがかわいていますか? — いいえ, かわいていません.

2. *A*-t‿il des parents? — Oui, il‿*a* des parents.
   アティル デ パラン ウィ イラ

           彼には両親がいますか? — はい, 彼には両親がいます.

C. 冠詞 un, une, des の変形の de

🎧

「私は車をもっています」 → J'ai *une* voiture.

「私は車をもっていません」→ Je n'ai pas **de** voiture.
ドゥ ヴォワテュール

この2つの文で違う点は不定冠詞 une が de に変わったことです.
また, Il a *un* stylo. → Il n'a pas **de** stylo.
ドゥ スティロ

彼は万年筆をもっていません.

これらの例に見られるように, 他動詞の直接目的語 (正確ではありませんが「～を」にあたる語) となる名詞の前の不定冠詞 un, une, des は, 否定文ではすべて de に変わります. また, 名詞が母音字ではじまるときは de は d' になります.

Elle‿a *des*‿enfants. → Elle n'a pas **d'**enfants.
エラ　デザンファン　　　　エル　ナ　バ　ダンファン

彼女には子供がいます.　彼女には子供がありません.

注意　否定文で直接目的語についている冠詞が de に変わるのは不定冠詞 un, une, des で, 定冠詞 le, la, (l'), les はそのままです.

J'ai *le* temps.　　→ Je n'ai pas *le* temps.
ジェル　タン　　　　　ジュ ネ　バ

私には時間(ひま)がある.　私には時間(ひま)がない.

D. être と avoir の否定・疑問形

◆　être（～ではありませんか）　　◆　avoir（～をもっていませんか）

ne suis-je pas ～ ?
n'es-tu pas ～ ?
n'est-il pas ～ ?
ne sommes-nous pas ～ ?
n'êtes-vous pas ～ ?
ne sont-ils pas ～ ?

n'ai-je pas ～ ?
n'as-tu pas ～ ?
n'a-t-il pas ～ ?
n'avons-nous pas ～ ?
n'avez-vous pas ～ ?
n'ont-ils pas ～ ?

E. 否定疑問に対する答え si と non

「～ではないのですか?」という否定疑問に対する答えは,フランス語では答えることの内容によってきまります.

すなわち,答えることの内容が肯定であれば — Oui ではなく — 〈Si〉[スィ] と答え,内容が否定であれば〈Non〉と答えます.

Vous n'êtes pas fatigué ?　お疲れじゃありませんか?
ヴー　ネット　パ　ファティゲ

（疲れているとき＝内容は肯定）

— *Si*, je suis fatigué.　いいえ,疲れています.
スィ　ジュ　スュイ　ファティゲ

（疲れていないとき＝内容は否定）

— *Non*, je ne suis pas fatigué.　はい,疲れていません.
ノン　ジュ　ヌ　スュイ　パ　ファティゲ

日本語では相手の問いに応じるか否かによって「はい」「いいえ」がきまりますから,フランス語の「はい」「いいえ」とはしばしば逆の関係になることに気をつけましょう.

1.　**N'avez-vous pas de questions ?**　🎧
ナヴェ　ヴー　パ　ドゥ　ケスティヨン

きみたち質問はないのですか?

— *Si*, nous_avons des questions.
スィ　ヌーザヴォン　デ　ケスティヨン

いいえ,ぼくたち,質問があります.

— *Non*, nous n'avons pas de questions.
ノン　ヌー　ナヴォン　パ　ドゥ　ケスティヨン

はい,ぼくたち,質問はありません.

2.　**N'a-t-elle pas d'enfants ?**　彼女は子供がないのですか?
ナテル　パ　ダンファン

— *Si*, elle⌒a deux_enfants.　いいえ,子供が2人います.
スィ　エラ　ドゥザンファン

59

練習 5

A. つぎの問いに否定で答えなさい.

1. Avez-vous une montre?

   — Non,

2. Tu as des amis français?

   — Non,

3. Est-ce qu'il a un dictionnaire japonais-français?

   — Non,

B. つぎの文をフランス語で言ったあと，文字で書きなさい.

1. きみ (tu) は万年筆をもっていないの?

   ― いいえ，ぼくは万年筆をもっています.

2. 彼はフランス人ではないのですか?

   ― はい，彼はフランス人ではありません；英国人 (Anglais) です.

C. CD の dictée (書きとり) を聞いて，聞きとりと書きとりの練習をしましょう. (point [ポワン] (.), virgule [ヴィルギュル] (,))

親族を示す単語

père ペール	父	fille フィーユ	娘	tante タント	おば
mère メール	母	frère フレール	兄弟	grand-père グランペール	祖父
parents パラン	両親	sœur スール	姉妹	grand-mère グランメール	祖母
fils フィス	息子	oncle オンクル	おじ		

6 Il n'y a pas de roses sans épines.

24

A. 形容詞の女性形と複数形

フランス語では，形容詞はそれが修飾する名詞の性と数に一致して形を変えます．

① （原則）$\begin{cases} \text{男性形} + \mathbf{e} = \text{女性形} \\ \text{単数形} + \mathbf{s} = \text{複数形} \end{cases}$

	男 性 形	女 性 形
単数形	＿＿＿	＿＿＿**e**
複数形	＿＿＿**s**	＿＿＿**es**

petit「小さい」$\begin{cases} \text{男性単数形} \quad \text{petit} \quad \text{プティ} \qquad \text{女性単数形} \quad \text{petite} \quad \text{プティト} \\ \text{男性複数形} \quad \text{petit}s \quad \text{プティ} \qquad \text{女性複数形} \quad \text{petite}s \quad \text{プティト} \end{cases}$ 🎧

発音

1. 男性形が〈発音されない子音字〉で終わる形容詞は，女性形では -e がつくことによって，その子音字が発音される点に注意しましょう．（上記 petit の例参照のこと）

2. 男性形が〈発音される子音字〉で終わる形容詞，または母音字で終わる形容詞は，女性形を示す -e がついても発音は変わりません．

男性単数形	女性単数形	男性複数形	女性複数形	
noir ノワール	noire ノワール	noirs ノワール	noires ノワール	黒い
joli ジョリ	jolie ジョリ	jolis ジョリ	jolies ジョリ	きれいな

② 男性形が -e で終わる形容詞の女性形は，形も発音も変わりません．男性形と同じです．

男性単数形	女性単数形	男女性複数形	
rouge ルージュ	rouge ルージュ	rouges ルージュ	赤い
jeune ジュヌ	jeune ジュヌ	jeunes ジュヌ	若い

③ 上記以外の女性形をとるおもな形容詞

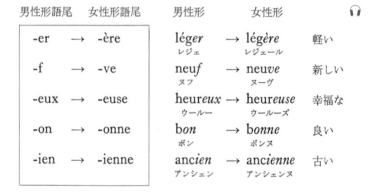

男性形語尾	女性形語尾
-er	→ -ère
-f	→ -ve
-eux	→ -euse
-on	→ -onne
-ien	→ -ienne

男性形	女性形	
léger レジェ	→ légère レジェール	軽い
neuf ヌフ	→ neuve ヌーヴ	新しい
heureux ウールー	→ heureuse ウールーズ	幸福な
bon ボン	→ bonne ボンヌ	良い
ancien アンシェン	→ ancienne アンシェンヌ	古い

④ 特別な女性形をもつおもな形容詞

男性形	女性形		男性形	女性形	
blanc ブラン	→ blanche ブランシュ	白い	gentil ジャンティ	→ gentille ジャンティーユ	親切な
doux ドゥ	→ douce ドゥース	甘い	long ロン	→ longue ロング	長い
frais フレ	→ fraîche フレーシュ	新鮮な	sec セック	→ sèche セーシュ	乾いた

5　2つの男性形をもつ形容詞

形容詞 beau「美しい」, nouveau「新しい」, vieux「古い」は2つの男性形をもち, 母音字ではじまる男性単数名詞の前では〈男性第2形〉をつかいます.

これらの形容詞の女性形は〈男性第2形〉の語尾に -le を加えた形です.

beau, nouveau の複数形はその語尾に -x をつけます. vieux の複数形は単数形と同じです. 男性第2形には複数形はなく, 複数名詞の前では, 母音字ではじまっていても beaux, nouveaux, vieux の形をつかいます.

男性形	男性第2形	女性形	男性複数形
beau	bel	bel*le*	beau*x*
ボー	ベル	ベル	ボー
nouveau	nouvel	nouvel*le*	nouveau*x*
ヌーヴォー	ヌーヴェル	ヌーヴェル	ヌーヴォー
vieux	vieil	vieil*le*	vieu*x*
ヴィウ	ヴィエイュ	ヴィエイュ	ヴィウ

un bel‿oiseau　　美しい鳥
アン　ベロワゾー

le nouvel‿an　　新年
ル　ヌーヴェラン

un beau garçon　美青年
アン　ボー　ガルソン

un bel‿homme　　美男
アン　　ベロム

un vieil‿homme　老人
アン　　ヴィエィヨム

un nouveau professeur
アン　ヌーヴォー　プロフェスール

新しい先生

＊　形容詞 fou「気の狂った」, mou「やわらかい」も〈男性第2形〉fol, mol の形をもっています. un *fol* espoir「大それた希望」

63

B. il y a ~

[1] il y a ~ は「〜があります・〜がいます」の意味をあらわす言いまわしで, 英語の *There is (are)* にあたります.

この il は, すでに学んだ 3 人称主語人称代名詞としての「彼」の意味ではありません. 〈非人称の il〉 (☞ *p. 106*) とよばれる 〈形式上の主語〉 で, [イリヤ] と続けて発音し, 成句としておぼえます.

Il⌢y⌢a des roses dans le vase. 🎧
イリヤ　デ　ローズ　ダン　ル　ヴァーズ

花瓶の中にバラの花があります.

[2] il y a ~ の前に est-ce que をつけるか, あるいは il y a を倒置して y a-t-il ~ [イャティル] というと, 「〜がありますか?」の意味をあらわします. 〈-t-〉は母音の連続をさけるためです.

Est-ce qu'il⌢y⌢a (Y⌢a-t-̲il) des roses dans le jardin? 🎧
エスキリヤ　　　　イャティル　　　デ　ローズ　ダン　ル　ジャルダン

庭にバラの花がありますか?

[3] 「〜がありません」は 〈Il n'y a pas de (d') ＋無冠詞の名詞〉 であらわします.

Il n'y⌢a pas de roses sans̲épines.　とげのないバラはない. 🎧
イルニヤパ　ドゥ　ローズ　　サンゼピーヌ

> * il y a のあとにくる名詞には一般に不定冠詞 un, une, des のいずれかがつきます. この名詞は直接目的語ではありませんが, それに準じて扱われます. (☞ *p. 58* 〈冠詞の変形の de〉)

注意　Qu'est-ce qu'il y a ~? または Qu'y a-t-il ~? は「何がありますか?」の意味をあらわします.

Qu'est-ce qu'il⌢y⌢a (Qu'y⌢a-t-̲il) dans la boîte? 🎧
ケスキリヤ　　　　　キャティル　　　ダン　ラ　ボワット

箱の中に何がありますか?

注意　Voici ~・Voilà ~ と Il y a ~

Voici ~, Voilà ~ は 「ここに・あそこに~があります」 の意味で，「ここに・あそこに」 という状況の設定がすでに含まれていますが，Il y a ~ は多くのばあい 「~の中に・~の上に」 など場所を示す語を伴います.

Voici un journal.　ここに新聞があります.
ヴォワスィ アン ジュルナル

Il~y~a un journal　sur　la table.　机の上に新聞があります.
イリヤ　アン ジュルナル スュール ラ ターブル

なお，être は 「~は...にある」，il y a は 「~が...にある」 です.

Le journal *est* sur la table.　　新聞は机の上にあります.
Il y a un journal sur la table.　新聞が机の上にあります.

練習　6

A.　形容詞の性を一致させ，意味を言いなさい.

1. la mode parisien　　　　　5. une beau fleur

2. la langue étranger　　　　6. un vieux ami

3. la mer bleu　　　　　　　7. une robe blanc

4. l'histoire ancien　　　　　8. une long lettre

B.　つぎの文をフランス語で言ったあと，文字で書きなさい.

1.　花瓶の中に1本の美しい花があります.

2.　庭の中には木 (arbres) はありません.

3.　教室には黒板 (tableau noir) がありますか?

4.　あそこにジャンヌがいます. 彼女はよい生徒 (élève) です.

7 Voilà de belles fleurs rouges.

25

フランス語では，名詞を修飾する形容詞は名詞の前にも後にもおかれます．その位置は，意味・口調あるいは強調などさまざまな要素によって決定されますから絶対的な規則は立てられませんが，つぎの2つの特徴をあげることができます．

A. 名詞の後におかれる形容詞

フランス語では，形容詞は原則として〈名詞の後〉におかれます．同種類の他のものと区別するためにつかわれる形容詞，感情をまじえない客観的な評価をあらわす形容詞：たとえば色・形・国籍・宗教・寒暖などをあらわす形容詞がそれです．

un tableau *noir* 黒板
アン タブロー ノワール

une table *ronde* 丸いテーブル
ユヌ ターブル ロンド

la littérature *française* フランス文学
ラ リテラテュール フランセーズ

B. 名詞の前におかれる形容詞

日常よくつかわれる，音節の短かい形容詞は〈名詞の前〉におかれます．それらは名詞と密接に結びついて，感情をまじえた主観的評価をあらわす形容詞で，そのおもなものはつぎのとおりです．

beau ボー	美しい	joli ジョリ	きれいな
bon ボン	良い	mauvais モーヴェ	悪い
grand グラン	大きい	petit プティ	小さい
haut オー	高い	jeune ジュヌ	若い

un *joli* chapeau　　　きれいな帽子　　　un *bon* élève　よい生徒
アン ジョリ シャポー　　　　　　　　　　　　アン ボンネレーヴ

un *mauvais* garçon　　不良少年
アン モーヴェ ガルソン

発音

1. 〈名詞＋形容詞〉の語順のとき，形容詞が母音字ではじまって
いても，リエゾンはおこなわれません．

un enfant ¦ *intelligent*　　頭のいい子供　　　　　　🎧
アンナンファン アンテリジャン

des enfants ¦ *intelligents* 頭のいい子供たち
デザンファン アンテリジャン

2. 〈形容詞＋名詞〉の語順のとき，名詞が母音字または無音の h
ではじまるときには，かならずリエゾンかアンシェヌマンがおこなわ
れます．

un *petit* enfant　小さい子供　　　un *jeune* homme　青年　🎧
アン プティタンファン　　　　　　　アン ジュノム

C.　位置によって意味がちがう形容詞

若干の形容詞は，名詞の前におかれるか後におかれるかによって意
味が異なります．

un *grand* homme　偉人　　　　　un homme *grand*　背の高い人
アン グラントム　　　　　　　　　アンノム グラン

un *pauvre* homme　哀れな人　　　un homme *pauvre* 貧しい人
アン ポーヴロム　　　　　　　　　アンノム ポーヴル

un *brave* homme　律気な人　　　un homme *brave*　勇敢な人
アン ブラーヴォム　　　　　　　　アンノム ブラーヴ

le *dernier* mois　最後の月　　　le mois *dernier*　先月
ル デルニエ モワ　　　　　　　　ル モワ デルニエ

D. 複数形容詞の前で不定冠詞 des → de

不定冠詞複数形の des は，そのすぐあとに形容詞がくると de に変わります．文法上のたいせつな約束です．

単数形		複数形	
une fleur	→	*des* fleurs	
une belle fleur	→	**de** belles fleurs	美しい花
ユヌ ベル フルール		ドゥ ベル フルール	

Ils sont *de* bons_élèves. 彼らはよい生徒たちです.
イル ソン ドゥ ボンゼレーヴ

注意 des が de に変わるのは，〈形容詞＋名詞〉の語順のときだけで，〈des＋名詞＋形容詞〉のばあいは des のままです．

Voilà *des* fleurs blanches. あそこに白い花があります.
ヴォラ デ フルール ブランシュ

定冠詞 les は名詞の前に形容詞が入っても変わりません．

les beaux jardins 美しい庭
レ ボー ジャルダン

また，〈形容詞＋名詞〉が一体となって1つの意味をつくるばあい，des はそのままです．*des* jeunes gens 若者たち
デ ジュヌ ジャン

🎧

例文 Jean est_un bon_élève. Il^est Français. Il^est_in-
ジャン エタン ボンネレーヴ イレ フランセ イレタン

telligent et studieux. Jeanne est_une bonne^élève. Elle^est
テリジャン エ ステュディユー ジャンヌ エテュヌ ボンヌネレーヴ エレ

Française. Elle^est_intelligente et studieuse. Jean et Jeanne
フランセーズ エレタンテリジャント エ ステュディユーズ ジャン エ ジャンヌ

sont *de* bons_élèves.
ソン ドゥ ボンゼレーヴ

ジャンはよい生徒です．彼はフランス人です．彼は頭がよく，勉強好きです．ジャンヌはよい生徒です．彼女はフランス人です．彼女は頭がよく，勉強好きです．ジャンとジャンヌはよい生徒です．

E. 色をあらわす形容詞

赤い　rouge：　　le moulin *rouge*　赤い風車
　　　　　　　　　　ル　ムーラン　ルージュ

　　　　　　　　　la croix *rouge*　赤十字
　　　　　　　　　　ラ　クロワ　ルージュ

青い　bleu[e]：　l'oiseau *bleu*　青い鳥
　　　　　　　　　　ロワゾー　ブルー

　　　　　　　　　la mer *bleue*　青い海
　　　　　　　　　　ラ　メール　ブルー

白い　blanc[he]：　le Mont-*Blanc*　モン・ブラン(白い山)
　　　　　　　　　　ル　モン　ブラン

　　　　　　　　　la neige *blanche*　白い雪
　　　　　　　　　　ラ　ネージュ　ブランシュ

黒い　noir[e]：　　le tableau *noir*　黒板
　　　　　　　　　　ル　タブロー　ノワール

　　　　　　　　　la mer *Noire*　黒海
　　　　　　　　　　ラ　メール　ノワール

そのほかの色をあらわす形容詞

vert / verte	緑色の	jaune = jaune	黄色の
ヴェール　ヴェルト		ジョーヌ　ジョーヌ	
gris / grise	灰色の	rose = rose	バラ色の
グリ　グリーズ		ローズ　ローズ	
brun / brune	茶色の	violet / violette	紫色の
ブラン　ブリュヌ		ヴィオレ　ヴィオレット	

Le drapeau français est *bleu, blanc* et *rouge*.　🎧
ル　ドラポー　フランセ　エ　ブルー　ブラン　エ　ルージュ

　　　　　　　　　　　　フランスの国旗は青，白，赤です．

A. a 欄の意味になるように，b 欄の名詞に c 欄の形容詞を添えた形を言いなさい．

	a	b	c
1.	大きな丸テーブル	une table	rond, grand
2.	青い小さな花	une fleur	bleu, petit
3.	おいしい白ぶどう酒	un vin	bon, blanc
4.	フランスの雑誌	une revue	français

B.　適当な形容詞をえらび，点線部に正しい形で入れなさい．

　　court, long, pensant, bon, clair

1. Le français est une langue ⋯⋯⋯⋯.

2. L'homme est un roseau ⋯⋯⋯⋯.

3. La vie est ⋯⋯⋯⋯ et l'art est ⋯⋯⋯⋯.

4. Pas de nouvelles, ⋯⋯⋯⋯ nouvelles.*

　　　* Pas de＝〔Il n'y a〕pas de... 「便りのないのはよい便り」

C.　Bonne nuit!〔ボンヌニュイ〕は，「私はあなたに良い夜を祈る」つまり「おやすみなさい」を意味する挨拶ことばです．

　これと同じように，bon, bonne を含むつぎの言いまわしは話しことばでよくつかわれます．CD の発音をよく聞いて，何回もくり返し言ってみましょう．　　　　　　　　　　　🎧

1. Bon appétit!　　たくさん召しあがれ！

2. Bonne année!　　新年おめでとう！

3. Bonne chance!　　ご幸運を祈ります！

4. Bonne santé!　　お元気で！

5. Bon voyage!　　よいご旅行を！

8 Vous parlez français?

A. 動詞の語尾

フランス語の動詞は，不定詞の語尾の形によって，つぎの2種類に大別されます.

A型: 不定詞の語尾が〈-er〉，発音 [エ] で終わるもの.
ex. par*ler*「話す」, aim*er*「愛する」など.

B型: 不定詞の語尾が〈-ir, -re, -oir〉，発音 [ル] で終わるもの.
ex. fin*ir*「終わる」, ê*tre*, av*oir* など.

フランス語の全動詞 (約 8,000) のほぼ 90% は A 型に属します. この型の動詞は〈-er 動詞〉または〈第1群規則動詞〉とよばれ，わずかな例外* を除いて，すべて規則的な活用形をもちます.

> * 例外は aller「行く」(☞ *p. 86*) と〈-er 動詞の変則活用〉(☞ *p. 173*).

B. -er 動詞現在形の語尾変化

je ___語幹_ **e** [発音せず]	nous ____**ons** [オン]
tu ____**es** [発音せず]	vous ____**ez** [エ]
il ⎫ elle⎭ ____**e** [発音せず]	ils ⎫ elles⎭ ____**ent** [発音せず]

-er 動詞の現在形の活用は，不定詞から -er を除いた部分，つまり語幹に，表示のような語尾を添えればえられます.

発音 このばあい，語尾は綴りの上からは，-e, -es, -e, -ons, -ez, -ent の形をとりますが，発音は1人称複数，2人称複数がそれぞれ [オン], [エ] の音になるだけで，その他の人称では発音されません.

3人称複数形の語尾 -ent の発音は [エント] でも [アン] でもありません. つねに [発音せず] であることに注意しましょう.

71

◆ parler「話す」の現在形 🎧

je parle　私は話す　　　　nous parlons　私たちは話す
ジュ バルル　　　　　　　　ヌー　　バルロン

tu parles　きみは話す　　　vous parlez　あなたは話す
テュ バルル　　　　　　　　ヴー　　バルレ

il parle　彼は話す　　　　ils　parlent　彼らは話す
イル バルル　　　　　　　　イル　　バルル

◆ aimer「愛する」の現在形 🎧

j'aime　　私は愛す　　　　nous_aimons　私たちは愛す
ジェーム　　　　　　　　　ヌーゼモン

tu aimes　きみは愛す　　　vous_aimez　あなたは愛す
テュ エーム　　　　　　　　ヴーゼメ

il‿aime　彼は愛す　　　　ils‿　aiment　彼らは愛す
イレーム　　　　　　　　　イルゼーム

発音　母音字ではじまる動詞のばあいは，エリズィオン (j') のほか，
リエゾン，アンシェヌマンにも気をつけましょう.

🎧

1. Vous *parlez* français? — Oui, un peu (un petit peu).
　　ヴー　　バルレ　　フランセ　　　ウィ　アン プー　アン プティ プー

　　　　　　　　　フランス語を話しますか?―はい, 少し(ほんの少し).

　　　＊「〜語を話す」というとき，parler のあとにくる「〜語」には
　　　冠詞をつけないのがふつうです.（「〜語」☞ *p. 74*）

2. Ils‿*aiment* la musique et le cinéma.
　　イルゼーム　　ラ ミュズィック エル スィネマ

　　　　　　　　　　　　　　彼らは音楽と映画が好きです.

3. « Je *pense*, donc je suis.» (DESCARTES)
　　ジュ パンス　ドンク ジュ スュイ

　　　　　　　　　　　『我思う，故に我あり.』（デカルト）

72

◆　aimer の現在・否定形

<table>
<tr><td>je n'aime pas
ジュ　ネーム　　パ</td><td>nous n'aimons pas
ヌー　　ネモン　　　パ</td></tr>
<tr><td>tu n'aimes pas
テュ　ネーム　　パ</td><td>vous n'aimez pas
ヴー　　ネメ　　　　パ</td></tr>
<tr><td>il n'aime pas
イル　ネーム　　パ</td><td>ils　n'aiment pas
イル　　ネーム　　　　パ</td></tr>
</table>

◆　aimer の現在・疑問形（倒置による）

<table>
<tr><td>est-ce que j'aime?
エスク　　　　ジェーム</td><td>aimons-nous?
エモン　　ヌー</td></tr>
<tr><td>aimes-tu?
エーム　テュ</td><td>aimez-vous?
エメ　　ヴー</td></tr>
<tr><td>aime-t-il?
エームティル</td><td>aiment-ils?
エームティル</td></tr>
</table>

注意　1人称単数 (je) に対して疑問が発せられること自体少ないといえますが，その必要が生じたばあい，-er 動詞では〈倒置による疑問形〉はふつう用いられません．それに代わって，〈est-ce que＋肯定形〉またはイントネーションで疑問をあらわします．
　　　3人称単数の倒置による疑問文では〈-t-〉が挿入されます．

　　この課では -er 動詞の現在形を学びましたが，動詞の現在形には先きになって学ぶ条件法，接続法にもそれぞれ現在形があります．今学んでいる現在形は，ある行為を現実のものとしてあらわす〈直説法〉です．したがって，当分のあいだ単に〈現在形〉と記しますが，正確な名称は〈直説法・現在形〉です．

~世界のおもな国名~~~~~~~~~~~~~~~~~~~~~~~~~~~~~~~~~~

	国 名	性	形容詞
フランス	la France ラ　フランス	囡	français[e] フランセ〔ーズ〕
日　本	le Japon ル　ジャポン	男	japonais[e] ジャポネ〔ーズ〕
ド イ ツ	l'Allemagne ラルマーニュ	囡	allemand[e] アルマン〔ド〕
アメリカ	l'Amérique ラメリック	囡	américain[e] アメリカン(ケーヌ)
イギリス	l'Angleterre ラングルテール	囡	anglais[e] アングレ〔ーズ〕
スペイン	l'Espagne レスパーニュ	囡	espagnol[e] エスパニョル
イタリア	l'Italie リタリ	囡	italien[ne] イタリエン〔ヌ〕
中　国	la Chine ラ　シーヌ	囡	chinois[e] シノワ〔ーズ〕
ロ シ ア	la Russie ラ　リュシー	囡	russe リュス

＊ 「〔アメリカ〕合衆国」は les États-Unis〔d'Amérique〕[レゼタ ズュニ] 男複.

1. 形容詞は「～人の，～語の」の意味もあらわします.

2. 〈le＋形容詞（男性形）〉＝「～語」:
   le japonais「日本語」, *l'*anglais「英語」

3. 形容詞と同じ綴り，同じ発音で，語頭を大文字で書くと「～人」:
   Français「フランス人」, Française「〔女の〕フランス人」

A. （　　）内の動詞を現在形において，全文を読みなさい.

1. Les jeunes gens (aimer)＿＿＿＿ les sports.

2. Nous (chanter)＿＿＿＿ une chanson française.

3. La rose rouge (signifier)＿＿＿＿ : « amour ».

4. Vous (fumer)＿＿＿＿? — Non, je ne (fumer)＿＿＿＿ pas.

5. Sous le ciel de Paris (couler)＿＿＿＿ la Seine.

B. つぎの -er 動詞について，各人称の現在形を言いなさい.　🎧

1. danser　踊る　　　　3. étudier　　勉強する

2. penser　考える　　　4. travailler　働く

C. つぎの文をフランス語で言ったあと，文字で書きなさい.

1. ジャンヌは音楽が好きですか？

2. 彼らはマルセイユ (Marseille) に住んでいます (habiter).

3. 彼女はテレビを見ます (regarder la télévision) が，ラジオは
聞き (écouter la radio) ません.

┌─最重要動詞ベスト・テン─────────────────┐
　いずれも使用頻度のきわめて高い動詞ですから，その活用形
と正しい発音をひとつひとつおぼえてゆきましょう.

1	être	である	*5*	prendre	とる
2	avoir	もつ	*6*	pouvoir	できる
3	faire	する	*7*	voir	見る
4	aller	行く	*8*	savoir	知る

9	vouloir	望む
10	venir	来る

└────────────────────────────────┘

9 Chantons ensemble !

A. 命令法

1️⃣ フランス語の命令法 (impératif) には 3 つの形があります.

1. tu で話す相手に対する命令. つまり, 親子・夫婦・兄弟・友人など親しい間柄で, 「～しなさい」.

2. nous に対する命令. 自分も含めて相手を誘うばあい. 英語の《 *Let us* ～》にあたり, 「～しましょう」.

3. vous で話す相手に対する命令. つまり, 「あなた・あなた方・きみたち」に対して, 「～しなさい」.

◆ 動詞 chanter「歌う」

	命令法 🎧		現在形
			je chante
1.	**Chante.** シャント	歌いなさい.	← tu *chantes*
			il chante
2.	**Chantons.** シャントン	歌いましょう.	← nous *chantons*
3.	**Chantez.** シャンテ	歌いなさい.	← vous *chantez*
			ils chantent

2️⃣ 命令法は, 動詞の現在形の tu ～, nous ～, vous ～ から主語を除いた形です. ただし, tu に対する命令法では, -er 動詞現在形 tu ～-es の語尾の〈-s〉ははぶかれます.

> * -er 動詞のほか, aller「行く」の現在形の tu vas, ouvrir「あける」の現在形の tu ouvres の語尾の〈-s〉は省かれます.

	aller		ouvrir	
2人称単数形:	va	[ヴァ]	ouvre	[ウーヴル]
1人称複数形:	allons	[アロン]	ouvrons	[ウーヴロン]
2人称複数形:	allez	[アレ]	ouvrez	[ウーヴレ]

③ 命令法の否定形

〈 **ne** (n')＋命令法肯定形＋**pas** 〉の構文で禁止を示します.

Entre. → N'entre *pas.*　　　入ってはいけません.
ナントル　　パ

Entrons. → N'entrons *pas.*　入らないでおきましょう.
ナントロン　　パ

Entrez. → N'entrez *pas.*　　入らないでください.
ナントレ　　パ

④ 動詞 être, avoir の命令法は特別な形をとります.

	être	avoir
2人称単数形：	sois ソワ	aie エ
1人称複数形：	soyons ソワィヨン	ayons エイヨン
2人称複数形：	soyez ソワィエ	ayez エィエ

1. Pierre, *sois* sage !　　ピエール, おとなしくなさい.
ソワ　サージュ

2. N'*ayez* pas peur.　　心配いりません. (avoir peur「恐い」)
ネィエ　　パ　プール

3. *Chantons* ensemble !　ごいっしょに歌いましょう！
シャントン　アンサンブル

4. *Venez* vite !　急いで来なさい！ (venez ← venir)
ヴネ　ヴィット

5. *Fermez* la porte, s'il vous plaît.　どうぞ戸をしめてください.
フェルメ　ラ　ポルト　スィル　ヴー　　プレ

　　　　　　　　　　(s'il vous plaît「どうぞ〔〜してください〕」)

77

B. 数詞 (1～10)

　数詞には，単独で用いられるばあい，母音字ではじまる語の前につくばあい，子音字ではじまる語の前につくばあいで発音がちがうものがあります．数の読み方は大切ですから，個々の数詞について発音上の約束を正しくおぼえてください．

単独での発音	母音字ではじまる語の前で	子音字ではじまる語の前で
1　**un, une** アン　ユヌ	un‿an　1年 アンナン	un jour　1日 アン ジュール
2　**deux** ドゥ	deux‿ans ドゥザン	deux jours ドゥ　ジュール
3　**trois** トロワ	trois‿ans トロワザン	trois jours トロワ ジュール
4　**quatre** カトル	quatre⌢ans カトラン	quatre jours カトル　ジュール
5　**cinq** サンク	cinq⌢ans サンカン	cinq jours サン〔ク〕ジュール
6　**six** スィス	six‿ans スィザン	six jours スィ ジュール
7　**sept** セット	sept⌢ans セッタン	sept jours セット ジュール
8　**huit** ユイット	huit⌢ans ユイッタン	huit jours ユイ　ジュール
9　**neuf** ヌフ	neuf‿ans ヌーヴァン	neuf jours ヌフ ジュール
10　**dix** ディス	dix‿ans ディザン	dix jours ディ ジュール

発音 🎧

1. 数詞 (1 (un), 2, 3, 6, 10) と，母音字ではじまる語の間ではリエゾンがおこなわれます．

un‿enfant「1 人の男の子」， deux‿enfants， trois‿enfants
アンナンファン ドゥザンファン トロワザンファン

2. 数詞 (1 (une), 4, 5, 7, 8) と，母音字ではじまる語の間ではアンシェヌマンがおこなわれます．

une⌢enfant「1 人の女の子」， quatre⌢enfants， cinq⌢enfants
ユナンファン カトランファン サンカンファン

3. neuf (9) は，neuf‿ans「9 年・9 歳」と，neuf‿heures「9 時」
ヌーヴァン ヌーヴール
の 2 つのばあいだけ語尾の〈-f〉が [ヴ] の音でリエゾンされます．
それ以外の母音字ではじまる語の前での発音は [ヌフ] です．neuf amis
[ヌファミ]「9 人の友人」

4. cinq (5) の語尾の〈-q〉は，子音字ではじまる語の前では発音されないのが原則ですが，今日の会話ではむしろ発音されることが多いと言えます．cinq francs [サン〔ク〕フラン]「5 フラン」

C. 序数詞

順序を示す序数詞「1 番目の，2 番目の…」は，〈**数詞＋-ième**〉であらわされます．

deux＋-ième ＝ deux*ième*   2 番目の
ドゥ イエーム ドゥズィエーム
trois＋-ième ＝ trois*ième*   3 番目の
トロワ イエーム トロワズィエーム

ただし，「1 番目の・第 1 の・最初の」だけは例外で，premier [プルミエ] が男性形，女性形は première [プルミエール] となります．これを数字で書くときは 1er, 1ère． 他は 2e, 3e… と記します．

注意 -e で終わる数詞では -e を省いて -ième をつけます．quatr*e* →
quatr*ième*「4 番目の」．また，cinq*u*ième (5e), neu*v*ième (9e)．

練習　9

A.　下線の動詞を命令法の 3 つの形で言いなさい.

1.　écouter bien.　（よく聞く）

2.　parler lentement.　（ゆっくりと話す）

3.　être prudent.　（慎重である）

4.　ne pas ouvrir la fenêtre.　（窓をあけない）

　　　　　（不定詞の否定形は〈ne pas＋不定詞〉の語順です）

B.　数の発音に注意して読みなさい.

1.　trois enfants　（3 人の子供）　　5.　une heure　（1 時）

2.　six livres　（6 冊の本）　　6.　leçon 7　（7 課）

3.　cinq francs　（5 フラン）　　7.　neuf ans　（9 歳）

4.　neuf heures　（9 時）　　8.　deux jours　（2 日）

～会話でよくつかわれる命令形～

Attendez.[1] アタンデ	待ちなさい.	Faites.[4] フェット	しなさい.
Commencez. コマンセ	始めなさい.	Lisez.[5] リゼ	読みなさい.
Dites.[2] ディット	言いなさい.	Parlez. パルレ	話しなさい.
Écoutez. エクテ	聞きなさい.	Regardez. ルガルデ	ごらんなさい.
Écrivez.[3] エクリヴェ	書きなさい.	Répondez.[6] レポンデ	答えなさい.

　　　＊　-er 動詞以外の不定詞：　[1] attendre　[2] dire　[3] écrire
　[4] faire　[5] lire　[6] répondre

10 Mes amitiés à Claire.

🎧 30

A. 指示形容詞

1 「この」,「その」,「あの」,「これらの」 などの 〈指示形容詞〉
には, ce, cet, cette, ces の4つの形があります. 名詞の性・数に応
じてそのいずれかがつかわれます.

これらは英語の *this, that, these, those* にあたりますが, フランス
語では「この」でも「その」でもとくに遠近の区別をつけません.

🎧

男性単数形	女性単数形	男・女性複数形
ce (cet) ス　セット	**cette** セット	**ces** セ

男性単数形の cet は, あとにくる男性単数名詞が母音字ではじまる
語のばあいにつかわれます.

🎧

男性単数形	男性複数形	女性単数形	女性複数形
ce livre ス リーヴル この本	*ces* livres セ　リーヴル これらの本	*cette* fleur セット フルール この花	*ces* fleurs セ　フルール これらの花
cet⌢arbre セッタルブル この木	*ces*‿arbres セザルブル これらの木	*cette*⌢école セッテコール この学校	*ces*‿écoles セゼコール これらの学校
cet⌢homme セットム この男	*ces*‿hommes セゾム この男たち		

発音 cet, cette とつぎにくる母音字との間ではアンシェヌマンがお
こなわれます. ces は母音字の前でリエゾンされます.

81

1. *Ce* garçon écoute la radio.
   ス　ガルソン　エクート　ラ　ラディオ

   この少年はラジオを聞いています.

2. *Cet⌒étudiant* écoute la musique.
   セッテテュディアン　エクート　ラ　ミュズィック

   この学生は音楽を聞いています.

3. *Cette* jeune fille regarde la télévision.
   セット　ジュヌ　フィーユ　ルガルド　ラ　テレヴィズィョン

   この若い女の子はテレビを見ています.

4. *Ces* jeunes gens parlent français.
   セ　ジュヌ　ジャン　パルル　フランセ

   この若い人たちはフランス語を話します.

　　②　遠近を示す〈 **-ci, -là** 〉

　２つのものについて, とくに遠近を強調したいばあい, 指示形容詞のついた名詞のあとに〈 -ci 〉[スィ]を添えることによって「こちらの〜」,〈 -là 〉[ラ]を添えることによって「あちらの〜」の意味をあらわすことができます.

ce mouchoir-*ci(-là)*　　　ces mouchoirs-*ci(-là)*
ス　ムショワール スィ ラ　　　　セ　　ムショワール スィ ラ

　　　　　　　　　　こちらの(あちらの)ハンカチーフ

cette cravate-*ci(-là)*　　　ces cravates-*ci(-là)*
セット　クラヴァト スィ ラ　　　　セ　クラヴァト スィ ラ

　　　　　　　　　　こちらの(あちらの)ネクタイ

Voici deux mouchoirs ; ce mouchoir-*ci* coûte 10 francs.
ヴォワスィ ドゥ　　ムショワール　ス ムショワール スィ クートゥ ディ フラン

　　ここに2枚のハンカチーフがあります. こちらのは10フランです.

　　(coûte ← coûter「値段が〜である」)

B. 所有形容詞

1 「私の・あなたの…」など，英語の *my, your*… にあたる〈所有形容詞〉は，あとにくる名詞が男性か女性か，単数か複数かによって，つぎの形をとります.

所　有　者	所有される名詞の性・数		
	男性単数形	女性単数形	男・女性複数形
私の	**mon** [モン]	**ma** [マ]	**mes** [メ]
きみの	**ton** [トン]	**ta** [タ]	**tes** [テ]
彼の・彼女の	**son** [ソン]	**sa** [サ]	**ses** [セ]
私たちの	**notre** [ノォトル]		**nos** [ノォ]
あなたの	**votre** [ヴォトル]		**vos** [ヴォ]
彼らの・彼女たちの	**leur** [ルール]		**leurs** [ルール]

注意　ton, ta, tes は tu をつかって話す親しい間柄でのみつかわれ，ふつうは votre, vos をつかいます.

　　　また，votre, vos は「あなた方の，きみたちの」も意味します.

発音　mon, ton, son ; mes, tes, ses, nos, vos, leurs は母音字の前でリエゾンされます. notre, votre, leur とつぎにくる母音字との間ではアンシェヌマンがおこなわれます.

2 所有形容詞で注意すべきこと

a. 所有される名詞が女性単数形で，本来ならば所有形容詞は ma, ta, sa をつかうばあいでも，あとにくる名詞が母音字または無音の h ではじまっていると，母音が続くのをさけるため，男性形の mon, ton, son をつかいます. たいせつな文法上の約束です.

　　mon école　　[モンネコール]　　　「私の学校」　　（école 囡）

　　ton amitié　　[トンナミティエ]　　「きみの友情」　　（amitié 囡）

　　son histoire　[ソンニストワール]　「彼（彼女）の話」（histoire 囡）

83

b. 男性形 son, 女性形 sa のどちらをつかうかは，名詞の性が男性
か女性かによってきまるのであって，所有者が男であるか女であるか
ということとは関係がない点に注意しましょう．

たとえば，「彼の父」は son père ですが，「彼女の父」も son père
と言います．「彼女」のばあいでも男性形の son がつかわれるのは
père が男性名詞だからです．

フランス語では英語の *his, her* のような区別はしません．

his (her) father = **son** père,   *his (her) mother* = **sa** mère

1. Voilà un monsieur et une dame : c'est *mon* père et *ma*
    ヴォワラ アン ムスィウ   エ ユヌ ダム   セ モン ペール エ マ

    mère.   あそこに男の人と女の人がいます，ぼくの父と母です．
    メール

2. Où est *votre* fils ?   息子さんはどこにおいでですか？
    ウー エ ヴォトル フィス

    — *Mon* fils travaille dans *sa* chambre.
    モン フィス トラヴァイユ ダン サ シャンブル

                息子は自分の(彼の)部屋で勉強をしています．

3. — *Mon* bon souvenir à[1] *votre* mère. お母さんによろしく．
    モン ボン スーヴニール ア ヴォトル メール

    — Merci, monsieur. *Mes amitiés* à[2] Claire.
    メルスィ ムスィウ   メザミティエ ア クレール

                ありがとう．クレールによろしく．

    [1] 〈Mon bon souvenir à＋人〉で「ある人によろしく」という挨
         拶ことば．
    [2] 〈Mes amitiés à＋人〉で「ある人によろしく」という挨拶こと
         ば．

練習 **10**

A. 指示された所有形容詞をつけて読み，意味を言いなさい.

1. （私の）＿＿＿ chambre　　5. （彼の）＿＿＿ amie

2. （彼らの）＿＿＿ parents　　6. （私たちの）＿＿＿ oncle

3. （彼の）＿＿＿ auto　　7. （彼女の）＿＿＿ fils

4. （きみの）＿＿＿ école　　8. （あなたの）＿＿＿ fille

B. つぎの対話文を声に出して読んだあと，意味を言いなさい.

— Pardon, madame.　Est-ce qu'il y a un bon restaurant dans les environs[1] ?

— Oui, monsieur.　Regardez là-bas[2] ! Il y a le restaurant Saint-Michel ; c'est un bon restaurant.

— La cuisine est-elle bonne ?

— Certainement, monsieur.　La cuisine est excellente.

— Mais les repas ne sont-ils pas chers ?

— Non, les prix sont modérés.

— Merci beaucoup, madame.

— Je vous en prie[3], monsieur.

[1] 「この近所に」　　[2] 「あそこ〔に〕」　　[3] 「どういたしまして」

~今朝・今晩など~

ce matin ス　マタン	今朝	cette semaine セット　スメーヌ	今週
ce soir ス ソワール	今晩	cette⌢année セッタンネ	今年
cet⌢après-midi セッタプレミディ	今日の午後	aujourd'hui オージュルデュイ	今日

85

11 Comment allez-vous?

A. 動詞 aller

[1] 動詞 aller「行く」は不定詞の語尾が -er で終わっていますが，すでに学んだ〈-er 動詞〉には属さない，特別な活用形をもつ不規則動詞です．使用頻度のきわめて高い重要な動詞ですから，その活用形を正確におぼえてください．

◆ aller の現在形 🎧

je **vais** ジュ ヴェ	私は行く		nous_**allons** ヌーザロン	私たちは行く
tu **vas** テュ ヴァ	きみは行く		vous_**allez** ヴーザレ	あなたは行く
il **va** イル ヴァ	彼は行く		ils **vont** イル ヴォン	彼らは行く

◆ aller の現在・否定形 「行きません」

je ne vais pas		nous n'allons pas	
tu ne vas pas		vous n'allez pas	
il ne va pas		ils ne vont pas	

◆ aller の現在・疑問形（倒置形による）「行きますか?」

est-ce que je vais ? 　　エスク	allons-nous ? 　アロン　ヌー
vas-tu ? ヴァ テュ	allez-vous ? 　アレ　ヴー
va-t-il ? ヴァティル	vont-ils ? ヴォンティル

注意 il va の倒置による疑問形では〈-t-〉が入ります．

②　aller のおもな用法

a.　「行く」の意味で.

Où *va*-t-il ? — Il *va* à l'école.　🎧
ウー　ヴァティル　　イル ヴァ ア レコール

　　　　　　　彼はどこへ行くのですか?— 彼は学校へ行きます.

b.　健康状態をたずねる挨拶ことばとして.

Comment *allez*-vous ?　ごきげんいかがですか?　🎧
コマンタレヴー

— Je *vais* [très] bien, merci ; et vous ?
ジュ ヴェ　トレ　ビエン メルスィ　エ　ヴー

　　　　　　—ありがとう,〔とても〕元気です.　あなたは?

c.　〈近い未来〉をあらわす〈 aller＋不定詞 〉

　この構文では,自動詞 aller は本来の「行く」の意味を失って助動詞として働きます.「～するところです」の意味をあらわすこの用法は,とくに話しことばでひんぱんにつかわれます.

L'avion *va* partir.　飛行機は出発するところです.　🎧
ラヴィオン ヴァ パルティール

Vous *allez* sortir ? — Oui, je *vais* sortir.
ヴーザレ　　ソルティール　　ウィ ジュ ヴェ ソルティール

　　　　　　お出かけですか?—はい,出かけるところです.

注意　〈aller＋不定詞〉は,本来の「行く」の意味があらわれて「～しに行く」の意味にもしばしばつかわれます.

Il *va* chercher un médecin.　彼は医者をよびに行きます.
イル ヴァ　シェルシェ　アン メドゥセン

Cécile *va* jouer au tennis.
セスィール ヴァ ジュエ　オ　テニス

　　　　　　　セシールはテニスをしに行きます.

B. 動詞 **venir**「来る」

1 ◆ venir の現在形 🎧

je **viens**	私は来る		nous **venons**		私たちは来る
ジュ ヴィエン			ヌー ヴノン		
tu **viens**	きみは来る		vous **venez**		あなたは来る
テュ ヴィエン			ヴー ヴネ		
il **vient**	彼は来る		ils **viennent**		彼らは来る
イル ヴィエン			イル ヴィエンヌ		

2 venir のおもな用法

a.「来る」の意味で.

Le printemps *vient* après l'hiver. 春は冬のあとに来る. 🎧
ル　ブランタン　ヴィエン アプレ リヴェール

b.〈近い過去〉をあらわす〈**venir de**＋不定詞〉

　この構文では，自動詞 venir は本来の「来る」の意味を失って助動
詞として働きます.「～したばかりです」の意味をあらわすこの用法
は，〈aller＋不定詞〉とともに話しことばでよくつかわれます.〈近
い過去〉のばあいは〈de〉が入ることに注意.

Je *viens d'*arriver.　　　　　　　私はいま着いたばかりです. 🎧
ジュ ヴィエン　ダリヴェ

Il *vient d'*avoir deux_ans. 彼は2歳になったばかりです.
イル ヴィエン ダヴォワール　　ドゥザン

C.　数　詞 (11〜20)

　数詞の発音には，例によっていくつかの約束があります．ここでは
とくに 17 から 19 までの読み方に注意しましょう．

🎧

11	**onze** オンズ
12	**douze** ドゥーズ
13	**treize** トレーズ
14	**quatorze** カトルズ
15	**quinze** カンズ
16	**seize** セーズ
17	**dix-sept** ディ〔ス〕セット
18	**dix-huit** ディズュイット
19	**dix-neuf** ディズヌフ
20	**vingt** ヴァン

注意　11 から 16 までと 20 はそれぞれ 1
語ですが，17, 18, 19 は 10＋7, 10＋8,
10＋9 であらわします．

発音　　　　　　　　　　　　🎧

1.　11 から 16 までは語末が -ze ［ズ］で
終わりますから，母音字ではじまる語の前
ではアンシェヌマンがおこなわれます．

　　onze⌢ans　　　　11歳, 11年
　　オンザン
　　treize⌢heures　13時
　　　トレーズール
　　quinze⌢élèves　15人の生徒
　　カンゼレーヴ

2.　dix-sept (17) のとき，dix は［ディ］
または［ディス］と発音されますが, dix-huit
(18), dix-neuf (19) のばあいは［ディズ］と
発音されます．

　なお，17, 18, 19 の語末の発音は 7, 8,
9 のばあいと同じ注意が必要です．　(1〜10
☞ p. 78)

3.　vingt (20) は母音字ではじまる語の
前ではリエゾンされます．

　　vingt‿ans　20歳, 20年
　　ヴァンタン

練習 11

A. 例にならって，つぎの文を〈近い未来〉と〈近い過去〉をあらわす2つの文に言いかえなさい.

ex. Cécile rentre à la maison. →

〈近い未来〉 Cécile va rentrer à la maison.

〈近い過去〉 Cécile vient de rentrer à la maison.

1. Le train arrive.

2. Je téléphone à Bernard.

3. Les vacances commencent.

4. Elle a vingt ans.*

* avoir ~ an(s)「~歳です」

B. つぎの問いにフランス語で答えなさい.

1. Quel âge avez-vous? — J'ai ＿＿＿＿＿ ans.
   （おいくつですか?）　　　　答 (17, 18, 19, 20)

2. Et votre sœur? — Elle a ＿＿＿＿＿ ans.
   　　　　　　　　　答 (13, 14, 15, 16)

Ça va?

「ごきげんいかがですか?」とたずねるには，《Comment allez-vous?》がもっとも多くつかわれます.

しかし，親しい間柄では，もっとくだけた表現をつかいます.

Comment ça va?　[コマン・サ・ヴァ]　どう元気?

Ça va?　　　　　[サ・ヴァ]　　　　元気?

Vous_allez bien?　[ヴーザレ・ビエン]　お元気?

また，第三者の健康は〈Comment va＋第3者?〉の形で:

Comment va votre père?　お父さまはお元気ですか?

---

12 Elle va aux Champs-Élysées.

A. 冠詞の縮約

① 〈à＋定冠詞〉と〈de＋定冠詞〉

フランス語で もっともよくつかわれる 前置詞は, à [ア]「～に」と de [ドゥ]「～の, ～から」です.

この2つの前置詞のすぐあとに, 定冠詞 le または les が続くとき à le は au に, à les は aux に変わります.

また, de le は du に, de les は des に変わります. これを文法用語では〈冠詞の縮約〉といいます.

なお, à la, à l' と de la, de l' のばあいはそのままで形は変わりません.

à le	→	**au** オ	de le	→	**du** デュ
à les	→	**aux** オ	de les	→	**des** デ
à la	→	à la ア ラ	de la	→	de la ドゥ ラ
à l'	→	à l'	de l'	→	de l'

1. Elle va *à* Paris.　彼女はパリに行きます.　🎧
   エル ヴァ ア パリ

2. Elle va *au* café.　彼女はカフェに行きます.
   オ カフェ

3. Elle va *aux* Champs-Élysées.　彼女はシャンゼリゼに行きます.
   オ 　　　　シャンゼリゼ

4. Elle va *à la* gare.　彼女は駅に行きます.
   ア ラ ガール

5. Elle va *à l'*école.　彼女は学校に行きます.
   ア レコール

前置詞 à について〈冠詞の縮約〉の用例を見ましたが，たいせつな文法事項ですからここでもういちど確認しておきましょう.

　まず，用例 1. では，都市名は原則として冠詞をつけませんから「パリに」は *à* Paris です.

　用例 2. では，「カフェ」は le café ですから「カフェに」は à le café になるはずですが，à le と続くと au になるという文法の約束によって *au* café になります.

　また，用例 3. では，よく知られたパリの「シャンゼリゼ」大通りは地名ですが，定冠詞複数形の les をつけて les Champs-Élysées 男複 が正確な名称です. したがって，「シャンゼリゼに」は à les Champs-Élysées となるはずですが，このばあいも à les → aux の規則によって *aux* Champs-Élysées になります.

　つぎに，前置詞 de について，〈冠詞の縮約〉の用例を見てみましょう.　🎧

1.　Tokyo est la capitale *du* Japon.
　　　エ　ラ　カピタル　デュ　ジャポン
　　　　　　　　　　東京は日本の首都です. （Japon 男　de+le → du）

2.　Washington est la capitale *des* États-Unis.
　　ワシントン　　　　　　　　　　デゼタズュニ
　　　　ワシントンは合衆国の首都です. （États-Unis 男複　de+les → des）

3.　Paris est la capitale *de la* France.
　　　　　　　　　　　　ドゥ　ラ　フランス
　　　　　　　　　　　　パリはフランスの首都です.

4.　Londres est la capitale *de l*'Angleterre.
　　ロンドル　　　　　　　　ドゥ　ラングルテール
　　　　　　　　　　　　ロンドンはイギリスの首都です.

92

2 〈 **avoir mal à ~** 〉「~が痛い」

からだのある部分が痛い，を示すにはつぎの構文をつかいます.

〈 avoir mal à＋定冠詞つきのからだの部分 〉

Où avez-vous mal ?　　あなたはどこが痛いのですか?
ウー　アヴェ　ヴー　マル

— J'ai mal⌢au ventre.[1)]　　私はおなかが痛い.
ジェ　マロォ　　ヴァントル

— J'ai mal⌢aux dents.[2)]　　私は歯が痛い.
ジェ　マロォ　　ダン

— J'ai mal⌢à la tête.　　私は頭が痛い.
ジェ　マラ　ラ　テート

— J'ai mal⌢à l'estomac.[3)]　　私は胃が痛い.
ジェ　マラ　　レストマ

[1)]　ventre 男.
[2)]　「歯が痛い」というとき，ふつうは歯（dent 女）を複数につかいます.　したがって à＋les → *aux* dents になります.
[3)]　estomac 男 の語尾の〈 -c 〉は発音されません.

3 2種類の des を混同しないこと.

des の形は第1課 (*p. 38*) で〈不定冠詞の複数形〉として学びました.　そして，この課では前置詞 de のあとに定冠詞複数形の les が続くとき〈冠詞の縮約〉がおこなわれて des の形になることを学びました.　種類のちがうこの2つの des を混同しないように.

Voici *des* chapeaux.　　ここにいくつかの帽子があります.
ヴォワスィ　デ　　シャポー

Voici les chapeaux *des*‿élèves.
ヴォワスィ　レ　　シャポー　　デゼレーヴ

ここに生徒たちの帽子があります.

B. 国名について

  1 国名の性の見わけ方

おもな国々の国名とその性別については *p. 74* に一覧を掲げてあり
ますが，綴りの上からつぎの点をおぼえておくと便利です.

a. 語尾が〈-e〉で終わる国は〈女性〉

  la France, l'Angleterre, l'Italie, la Suisse,…
  ラ　フランス　　ラングルテール　　　リタリ　　　ラ　　スュイス

  ただし，「メキシコ」は例外で男性： le Mexique [ルメキスィック]

b. その他の語尾で終わる国はほとんどが〈男性〉

  le Japon, le Brésil, le Canada, le Portugal,…
  ル　ジャポン　　ル　ブレズィル　　ル　　カナダ　　　　ル　ポルテュガル

  2 「ある国に行く」というばあいの前置詞

a. 〈女性の国〉に行くばあい：〈**en**＋国名〉

  Il va *en* France (*en* Angleterre, *en* Allemagne,…).　　　🎧
  イル ヴァ アン フランス　　　アンナングルテール　　　アンナルマーニュ

　　　　　　　　彼はフランスに（イギリスに，ドイツに，…）行きます.

b. 〈男性の国〉に行くばあい：〈**au[x]**＋国名〉

  Il va *au* Japon (*au* Brésil, *aux* États-Unis,…).　　　🎧
  イル ヴァ オ ジャポン　オ　ブレズィル　　オゼタズュニ

　　　　　　　　彼は日本に（ブラジルに，合衆国に，…）行きます.

  3 「ある国から来る」というばあいの前置詞

a. 〈女性の国〉から来るばあい：〈**de**＋国名〉

  Il vient *de* France (*d'*Angleterre, *d'*Allemagne,…).　　　🎧
  イル ヴィエン ドゥ　フランス　　ダングルテール　　　ダルマーニュ

　　　　　　　　彼はフランスから（イギリスから，ドイツから，…）来ます.

b. 〈男性の国〉から来るばあい：〈**du**＋国名〉

  Il vient *du* Japon (*du* Brésil, *du* Portugal,…).　　　🎧
  イル ヴィエン デュ ジャポン　デュ ブレズィル デュ ポルテュガル

　　　　　　　　彼は日本から（ブラジルから，ポルトガルから，…）来ます.

ただし，Il vient *des* États-Unis.「合衆国から来る」

練習　**12**

A.　つぎの文の下線の語の代わりに下記の語を入れ，完全な文にした
上で（必要あれば冠詞の縮約をおこなうこと）読みなさい.

　Il est à l'école.　（彼は学校にいます）

1.　le cinéma　　　　5.　le bureau（事務所）

2.　la gare（駅）　　 6.　la maison

3.　le Japon　　　　 7.　l'université（大学）

4.　l'hôtel　　　　　 8.　les États-Unis

B.　つぎの各文の下線の語の代わりに，下記の国名をそれぞれ正しく
入れて読みなさい.

1.　Ils vont en France.

2.　Ils viennent de France.

　Brésil 男, Chine 女, Espagne 女, Mexique 男

~あ・ら・かると~

　à la carte [ア・ラ・カルト]：　carte は「メニュー，名刺，葉書，
地図，トランプ」など多くの意味につかわれます. そして，à la
carte というと「メニューによって」の意味で，「一品料理，お好
み料理」を指します. それに対して「定食」は menu à prix
fixe [ムニュ・ア・プリ・フィックス].

　à la mode [ア・ラ・モード]：　mode は「流行」. à la mode と
いうと「流行している」の意味.

　chou à la crème [シュー・ア・ラ・クレーム]：　お菓子の「シュー
クリーム」のこと. chou は 野菜の「キャベツ」.

95

13 Quelle est votre adresse?

A. 疑問形容詞

[1] 「どんな，何」などの意味をあらわす形容詞は，〈疑問形容詞〉
とよばれます．疑問形容詞は，関係する名詞の性・数に一致して，つ
ぎの4つの形をとります．ただし，発音はすべて同じです．

男性単数形	女性単数形	男性複数形	女性複数形
quel ケル	**quelle** ケル	**quels** ケル	**quelles** ケル

> * 疑問形容詞はつぎのような多くの意味をあらわします．
> 〈性質・種類など〉：「どんな，何」．　〈数量〉：「どれだけ」．
> 〈順位〉：「何番目の」．　〈程度〉：「どれほどの」．
> 〈その他〉：「どれ」「どちら」「誰」など．
>
> * 疑問形容詞が「誰」の意味でつかわれるのは，つぎのような
> ばあいです．
> *Quel* est ce monsieur?　あの方はどなたですか?
> 主語が ce または人称代名詞のときは疑問形容詞はつかえません．
> その代わりに〈疑問代名詞 qui「誰」〉(☞ *p. 156*) をつかいます．
> *Qui* est-ce? [キ・エス]　あれは誰ですか?
> *Qui* êtes-vous? [キ・エット・ヴー]　あなたはどなたですか?

[2] 疑問形容詞は，つぎの2種類の構文で用いられます．

a. 疑問形容詞＋無冠詞の名詞：「どんな〜」

Quel sport aimes-tu? — J'aime le rugby.　🎧
ケル　スポール　エーム　テュ　　ジェーム　ル　リュグビィ

きみはどんなスポーツが好き?—ぼくはラグビーが好きだ．

b. 疑問形容詞＋**est (sont)**＋名詞：「〜はなんですか?」

Quelle⁀est votre⁀adresse ? — 16, rue Balzac. 🎧
　ケレ　　　ヴォトラドレス　　　　セーズ リュ バルザック

　　　　　　あなたのご住所は?—バルザック通り 16 番地です.

Quelles sont ces fleurs ? — Ce sont des roses.
　ケル　　ソン　セ フルール　　ス ソン デ ローズ

　　　　　　これらの花はなんですか?—バラです.

③　〈疑問形容詞＋名詞〉の前には前置詞をおくことができます.

De quelle couleur est le drapeau français ? 🎧
　ドゥ ケル　クールール　エ ル ドラポー　　フランセ

— Il⁀est bleu, blanc et rouge.
　イレ　ブルー　ブラン エ ルージュ

　　　　　　フランスの国旗は何色ですか?—青, 白, 赤です.

En quelle⁀année sommes-nous ?　今年は何年ですか?
　アン　ケランネ　　　ソムヌー

注意　〈*De* quelle couleur est 〜?〉「〜は何色ですか?」は〈Quelle
　　est la couleur *de* 〜?〉と言っても意味は同じです.

④　疑問形容詞は感嘆詞としても用いられます.

Quel beau temps !　なんていいお天気でしょう! 🎧
　ケル　ボー　タン

⑤　年齢を問う表現

　年齢を たずねるには âge [アージュ]「年齢」をつかって Quel⁀âge
avez-vous? [ケラージュ・アヴェ・ヴー]「おいくつですか?」; Quel⁀âge
a-t‿il? [ケラージュ・アティル]「彼は何歳ですか?」のように言います.
　これに答える「〜歳です」は「歳」にあたる an[s] [アン]をつかっ
て, 〈avoir 〜 an[s]〉と言います. 動詞は être ではなく avoir を
用いることにも注意しましょう.

97

B. 疑問副詞

① よく用いられる疑問副詞

Quand	いつ	*Quand* rentrez-vous ? いつ戻りますか?
		カン　ラントレ　ヴー
Où	どこ	*Où* est la gare ? 駅はどこですか?
		ウー　エ　ラ　ガール
Pourquoi	なぜ	*Pourquoi* pleures-tu ? なぜ泣いてるの?
		プールコワ　プルール　テュ
Comment	どのように	*Comment* vas-tu ? ごきげんいかが?
		コマン　ヴァテュ
Combien	いくら	*Combien* coûte ce livre ?
		コンビエン　クート　ス　リーヴル

この本はいくら?

② 話しことばでは，倒置(動詞＋主語の語順)をきらって，疑問副詞のあとに est-ce que を加えることがあります.

Où est-ce que vous habitez ? (= *Où* habitez-vous ?)
ウー　エスク　ヴーザビテ

あなたはどこに住んでいますか?

Quand est-ce qu'elle arrive ? (= *Quand* arrive-t-elle ?)
カンテスケラリーヴ

彼女はいつ着きますか?

③ 疑問副詞は前置詞に先立たれることがあります.

D'où venez-vous ? どこからあなたは来たのですか?
ドゥ　ヴネ　ヴー

Depuis quand étudiez-vous le français ?
ドゥピュイ　カン　エテュディエ　ヴー　ル　フランセ

いつからあなたはフランス語を勉強していますか?

C. 数詞 (21〜100)

21	**vingt⌢et un (une)**
	ヴァンテ　アン　ユヌ
22	**vingt-deux**
	ヴァント　ドゥ
30	**trente**
	トラント
31	**trente⌢et un**
	トランテ　アン
40	**quarante**
	カラント
50	**cinquante**
	サンカント
51	**cinquante⌢et un**
	サンカンテ　アン
60	**soixante**
	ソワサント
70	**soixante-dix**
	ソワサント　ディス
79	**soixante-dix-neuf**
	ソワサント　ディズ　ヌフ
80	**quatre-vingts**
	カトルヴァン
85	**quatre-vingt-cinq**
	カトルヴァン　サンク
90	**quatre-vingt-dix**
	カトルヴァン　ディス
91	**quatre-vingt-onze**
	カトルヴァン　オンズ
100	**cent**
	サン

a. 21, 31, 41,... のあとに女性名詞が続くと, 〈... et *une*〉の形をとります.

vingt et *un* ans 「21歳」

vingt et *une* maisons

「21軒の家」

b. 70〜79 は 60+10〜19 の構成をとります.

c. 80 は 4×20, 90 は 4×20+10 の構成をとります. 20 をもとにして数をつくるのは 20 進法の名残りです.

d. 80 は quatre-vingts のように vingt に〈-s〉がつきますが, 81 以降は〈-s〉はつきません. たとえば, 86 は quatre-vingt-six.

e. 100 に un は不要. 単に cent.

発音

1. 20 は vingt [ヴァン] で, 語尾の〈-t〉が発音されませんが, 22 から 29 までは語尾の〈-t〉が軽く発音されます. たとえば 23 は vingt-trois [ヴァントトロワ].

2. 80 から 99 までの vingt[s] の〈-t〉はつねに発音されません. 99 は quatre-vingt-dix-neuf [カトルヴァンディズヌフ].

練習 13

A. つぎの数字をフランス語で言いなさい. 🎧

22, 25, 49, 61, 74, 80, 88, 91, 95, 98

B. つぎの文をフランス語で言いなさい.

1. 彼の車 (auto 囡) は何色ですか?— 黒です.

2. 授業 (classe 囡) は何時に (à quelle heure) はじまり (commencer) ますか?

3. あなたのお父さんはおいくつですか?— 51 歳です.

C. 適当な疑問形容詞を入れなさい.

1. _____ musique aimez-vous?

2. _____ sont les mois de l'année?

3. _____ bel appartement vous avez!

～昨日・明日～

hier　　　　昨日
イエール

demain　　　　明日
ドゥマン

avant-hier　一昨日
アヴァンティエール

après-demain　明後日
アプレドゥマン

この前の・今度の

lundi dernier　この前の月曜
ランディ デルニエ

lundi prochain　今度の月曜
ランディ プロシャン

la semaine dernière　先週
ラ スメーヌ デルニェール

la semaine prochaine　来週
ラ スメーヌ プロシェーヌ

le mois dernier　先月
ル モワ デルニエ

le mois prochain　来月
ル モワ プロシャン

l'année dernière　去年
ラネ デルニェール

l'année prochaine　来年
ラネ プロシェーヌ

100

14 Nous sommes le 1er mai.

14 Nous sommes le 1er mai. 🎧36

A. 「今日は何曜日ですか?」のあらわし方

1. **Quel jour sommes-nous?**
   ケル　ジュール　ソム　ヌー
2. **Quel jour est-ce aujourd'hui?**
   エ　ス　オージュルデュイ

今日は何曜日ですか? 🎧

この答えとしての「今日は～曜日です」は, 問いの 1., 2. に応じて
それぞれつぎのようにあらわします.

1'. — **Nous sommes** jeudi.
    ヌー　ソム　ジュディ
2'. — **C'est aujourd'hui** jeudi.
    セトォジュルデュイ

木曜日です. 🎧

> *　〈1. Quel jour sommes-nous? 2. Quel jour est-ce aujour-
> d'hui?〉は, どちらも「何曜日ですか?」の意味につかわれますが,
> また「何日ですか?」の意味にもつかえます. したがって, 曜日で
> はなく日付であることを明示するには, つぎのように言います.

B. 「今日は何日ですか?」のあらわし方

いくつかのあらわし方がありますが, ここでは会話でよくつかわれ
る 2 例をあげておきましょう.

1. **Quelle date sommes-nous?**
   ケル　ダート　ソム　ヌー
2. **Le combien sommes-nous?**
   ル　コンビャン

今日は何日ですか? 🎧

この答えとしての「今日は～日です」は, つぎの形をとります.

〈**Nous sommes**＋**le**＋(2～31)＋12 か月名〉

たとえば, 「今日は 5 月 5 日です」: *Nous sommes le* 5 mai. 🎧
　　　　　　　　　　　　　　　　　ヌー　　ソム　ル サンク メ

注意 「~月1日」だけは〈le 1er [ル・プルミエ]＋12か月名〉

Nous sommes *le 1er* avril.　今日は4月1日です.
ル プルミエ アヴリル

Le 1er mai est la fête du travail.
メ エ ラ フェート デュ トラヴァイユ

　　　　　　　　5月1日はメーデー（労働の祭日）です.

「何日ですか?」はこの2つの表現のほか,〈Quel jour du mois sommes-nous?〉または〈Quel jour du mois est-ce aujourd'hui ?〉という言い方もつかわれます.

C. 曜日名

lundi ランディ	月曜日	**jeudi** ジュディ	木曜日
mardi マルディ	火曜日	**vendredi** ヴァンドルディ	金曜日
mercredi メルクルディ	水曜日	**samedi** サムディ	土曜日
		dimanche ディマンシュ	日曜日

注意 フランスでは,1週間は月曜日にはじまって, 憩いの日曜日に終わります.

曜日名はすべて男性名詞. 曜日名には原則として冠詞をつけません. 曜日名に定冠詞 le がつくと,「~曜日ごとに, 毎~曜日」の意味になります.

Le samedi, je reste toujours à la maison.
ル サムディ ジュ レスト トゥジュール ア ラ　メゾン

　　　　　　土曜日は, 私はいつも家にいます. (rester「とどまる」)

フランス語では, huit jours (8日) といえば「1週間」, quinze jours (15日) は「2週間」を指します.

D. 12か月名

janvier ジャンヴィエ	1 月	**juillet** ジュイエ	7 月	
février フェヴリエ	2 月	**août** ウー〔ト〕	8 月	
mars マルス	3 月	**septembre** セプタンブル	9 月	
avril アヴリル	4 月	**octobre** オクトーブル	10 月	
mai メ	5 月	**novembre** ノヴァンブル	11 月	
juin ジュアン	6 月	**décembre** デサンブル	12 月	

注意 「～月には」は〈**en**+月名〉，または〈**au mois de**+月名〉
であらわします.

「1月には」: *en* janvier = *au mois de* janvier

* 12か月名はすべて男性名詞.　無冠詞でつかわれ，小文字で書
き出します.

* 「今日は6月6日，火曜日です」のように曜日が入ると，〈冠
詞 *le*+曜日+日付〉:　Nous sommes *le* mardi 6 juin.

E. 年号のあらわし方

En quelle‿année sommes-nous ?　　　今年は何年ですか？
アン　　ケランネ　　　　ソム　　ヌー
— **Nous sommes en**　　　　1981.　　　1981年です.
ヌー　　　ソム　　アン ミルヌフサンカトルヴァンアン

* 19... 年は mille (mil [ミル] の綴りでもよい) neuf cent...
の代わりに dix-neuf cent... (19×100) [ディズヌフサン] とも言い
ます.

F. 数詞 (101〜100万) 🎧

101	**cent un (une)** サン アン ユヌ
120	**cent vingt** サン ヴァン
200	**deux cents** ドゥ サン
201	**deux cent un** ドゥ サン アン
310	**trois cent dix** トロワ サン ディス
500	**cinq cents** サンク サン
1.000	**mille** ミル
1.001	**mille un** ミル アン
2.000	**deux mille** ドゥ ミル
10.000	**dix mille** ディ ミル
100.000	**cent mille** サン ミル
600.000	**six cent mille** スィ サン ミル
1.000.000	**un million** アン ミリヨン

* フランス語では, 千の単位の区切りは (.) で示し, (,) は小数点を示すのにつかいます.

a. 100, 1.000 は英語では *a (one) hundred, a thousand* ですが, フランス語では単に cent, mille といいます. *un* cent, *un* mille とはいいません.

b. 101, 201,… 1.001 などのばあい, cent, mille のあとに続く端数 un または une の前に et は入りません. また, 100以上の数詞にはトレ・デュニオン (-) は入りません.

c. 200, 300,… は deux cent*s*, trois cent*s* のように cent に 〈 -s 〉 がつきます. ただし, そのあとに端数がつくときは cent に 〈 -s 〉 はつきません. 220 は deux *cent* vingt.

d. mille (1.000) は何千になっても 〈 -s 〉 はつきません.

e. million は名詞. 100万は *un* million で, 「100万の〜」というばあいは de が入ります. 「100万の住民」は un million *d*'habitants [アンミリオンダビタン]. ただし, 端数がつくと de は入りません. 「350万の住民」は trois millions cinq cent mille habitants.

練習　14

A. つぎの文を和訳しなさい. つぎに a) b) c) を文字で書き入れたあと, その全文を読みなさい.

En France il y a 700万^{a)} de chiens et 900万^{b)} de chats. Un Français sur* 4^{c)} a un chien ou un chat.

  * sur は「～につき」(比率)をあらわします.

B. (　) 内に指示された月日を下線部にフランス語で入れて, 全文を読みなさい.

1. ＿＿＿＿＿＿＿＿, c'est le jour de l'an.　(1月1日)

2. ＿＿＿＿＿＿＿＿, c'est la fête du travail.　(5月1日)

3. ＿＿＿＿＿＿＿＿, c'est la fête nationale en France.　(7月14日)

4. ＿＿＿＿＿＿＿＿, c'est Noël.　(12月25日)

C. 例にならって, 下線部に適当な曜日名を入れなさい.

 ex. Après samedi, c'est dimanche.
  Avant dimanche, c'est samedi.

1. Après dimanche, c'est ＿＿＿＿＿＿＿＿.

2. Après ＿＿＿＿＿＿＿＿, c'est mercredi.

3. Après ＿＿＿＿＿＿＿＿, c'est jeudi.

4. Avant vendredi, c'est ＿＿＿＿＿＿＿＿.

5. Avant samedi, c'est ＿＿＿＿＿＿＿＿.

15 Il fait beau.

37

A. 非人称構文

① 〈非人称の il〉

これまで学んだ範囲では，〈il〉は主語人称代名詞として「彼」，あるいは物に代わって「それ」，の意味でつかわれてきました.

この il は，そのほか〈非人称の il〉とよばれる形でつかわれることがあります. このばあいの il には「彼，それ」の意味はなく，単に形式上の主語にすぎません.

この〈非人称の il〉を主語にして，3人称単数形にしか用いられない動詞を〈非人称動詞〉といいます. そして〈非人称の il ＋ 動詞の 3人称単数形 ＋ …〉の構文を〈非人称構文〉とよびます.

② 本来の非人称動詞

非人称動詞は，非人称構文だけにつかわれる本来の非人称動詞とふつう一般につかわれている動詞が非人称構文に転用されるばあいの2つに大別されます.

a. **自然現象をあらわすもの：** pleuvoir「雨が降る」，neiger「雪が降る」，tonner「雷が鳴る」, …

現在形

pleuvoir プルーヴォワール	雨が降る	→	**il pleut** 雨が降っている イル プルー
neiger ネジェ	雪が降る	→	**il neige** 雪が降っている イル ネージュ

Il pleut (neige) depuis ce matin.
イル プルー　ネージュ　ドゥピュイ　ス　マタン

🎧

今朝から雨(雪)が降っています.

106

b. 非人称動詞 **falloir**

現在形

falloir → **il faut** + { 名　詞　～が必要である
ファロワール　　　イル　フォ　　　　不定詞　～しなければならない

Il faut une⌢heure pour⌢aller à mon bureau.
イル フォ　　ユヌール　　　　プーラレ　　ア　モン　ビュロー

私の事務所へ行くには1時間かかります.

Il faut partir tout de suite.　すぐ出発しなければならない.
パルティール トゥ ドゥ スィット

* あとに文を伴う〈Il faut que ～〉については ☞ *p. 226.*

③ 非人称構文へ転用される一般の動詞

a. **faire** (気象などをあらわす表現で)

faire [フェール] は「作る, する」など多くの意味をもつ, 使用頻度の高い不規則動詞で, 現在形はつぎのように活用します.

◆ faire の現在形

je fais ジュ フェ	nous faisons* ヌー　　フゾン
tu fais テュ フェ	vous faites ヴー　フェット
il fait イル フェ	ils font イル フォン

* faisons の発音は例外で,
[フェゾン]ではありません.

この〈il fait〉が非人称構文に転用されます.

Il fait beau (mauvais).　　　天気がよい(悪い).
イル フェ　ボー　モーヴェ

Il fait chaud (froid, frais).　暑い(寒い, 涼しい).
ショー　　フロワ　フレ

Il fait jour (nuit).　　　　夜が明ける(日が暮れる).
ジュール ニュイ

107

b. **être**

1. 時間をあらわす表現で. 〈**Il est ~ heure[s].**〉

   (時間に関する表現は全部まとめて 16 課 (*p. 111*) で解説します)

2. 〈**Il est＋形容詞＋de＋不定詞**〉の構文で.

   「**~**(不定詞)することは…(形容詞)です」

   Il＾est honteux *de* mentir.   うそをつくのは恥ずかしいことです.
   イレ　　オントゥ　ドゥ マンティール

   (Il は形式上の主語. 実質上の主語は de mentir)

c. **成句，その他**

1. **il y a ~**

   Il＾y＾a un＾hôtel au bord du lac.   湖畔に宿が 1 軒あります.
   イリヤ　　アンノテル　オ ボール デュ ラック

2. 〈**Il＋自動詞＋実質上の主語**〉の構文.

arriver [アリヴェ]「着く」, venir [ヴニール]「来る」などの自動詞は
il を形式上の主語として，実質上の主語を従えた非人称構文をつくる
ことがあります.

   Il＾arrive un bonheur.   幸福が訪れる. (＝Un bonheur arrive.)
   イラリーヴ　　アン ボヌール

   Il vient beaucoup de touristes.   大勢の観光客がやって来る.
   イル ヴィエン　　ボークー　　ドゥ トゥーリスト

   (＝Beaucoup de touristes viennent.)

B. **季節名**

🎧

le printemps ル　プランタン	春	*au* printemps オ　プランタン	春には (au に注意)
l'été レテ	夏 男	*en* été アンネテ	夏には
l'automne ロートーヌ	秋 男	*en* automne アンノートーヌ	秋には
l'hiver リヴェール	冬 男	*en* hiver アンニヴェール	冬には

Au printemps, il fait doux. *En été*, le soleil brille, il fait
オ　　プランタン　イルフェ　ドゥ　　アンネテ　　ル　ソレイユ　ブリーユ イルフェ

chaud. *En automne*, il pleut souvent. *En hiver*, il fait très
ショー　　アンノートーヌ　イル プルー　スーヴァン　　アンニヴェール イルフェ　トレ

froid; il neige de temps en temps. 🎧
フロワ　イル ネージュ ドゥ　　タンザン　　　タン

　　　　春は，気候がおだやかです．夏には，太陽が輝き，暑いです．秋には，
雨がよく降ります．冬はひじょうに寒く時々雪が降ります．

C.　ne ～ pas 以外の否定のあらわし方　🎧

ne ～ plus ヌ　　　プリュ	もはや～ない	Elle *n*'est *plus* ici. エル　ネ　プリュズィスィ 彼女はもうここにはいません.
ne ～ jamais ヌ　　　ジャメ	決して～ない	Il *ne* fume *jamais*. イルヌ　フューム　ジャメ 彼は決して煙草をすいません.
ne ～ guère ヌ　　　ゲール	あまり(ほとんど)～ない	Il *n*'est *guère* intelligent. イル　ネ　　ゲール　　アンテリジャン 彼はあまり利口ではない.
ne ～ rien ヌ　　　リャン	何も～ない	Ce *n*'est *rien*. ス　ネ　リャン 何でもありません.
ne ～ personne ヌ　　　ペルソンヌ	誰も～ない	Il *n*'y a *personne* ici. イル　ニャ　　ペルソンヌ イスィ ここには誰もいません.
ne ～ que...* ヌ　　　ク	...しか～ない	Il *n*'a *que* des sœurs. イル ナ　ク　デ　スール 彼には女のきょうだいしかありません.

　　*　これは否定というよりは制限・限定に入ります.

練習　15

動詞 être, faire, falloir, pleuvoir のいずれかの現在形を，文意に
したがって入れて，全文を読み，意味を言いなさい.

1. Quel temps _____-il dehors?

2. Pendant la saison des pluies, il _____ beaucoup.

3. Il _____ manger pour vivre et non pas vivre pour manger.

4. Il _____ dangereux de rouler trop vite.

Il pleure dans mon cœur

Paul VERLAINE (1844-96)
ポール　ヴェルレーヌ

Il pleure[1] dans mon cœur　　　　　町に雨がふるように
イル プルール　　ダン　モン　クール

Comme il pleut sur la ville,　　　　わたしの心に涙が降る.
コム　イル プルー スュール ラ　ヴィル

Quelle‿est cette langueur　　　　　心のなかにしみとおる
ケレ　　　　セット　ラングール

Qui pénètre[2] mon cœur?　　　　　このわびしさはなんだろう?
キ　　ペネートゥル　モン　　クール

[1] pleure は動詞 pleurer「泣く」の現在形. つぎの行の il pleut
にかけて非人称動詞的に扱われている.　　[2] qui pénètre (動詞
pénétrer の現在形)「わたしの心に忍び込むところの...」qui は関
係代名詞 ☞ p. 131.　　訳は窪田般弥著『ミラボー橋の下をセーヌ
が流れ』(白水社)より.

38

ONZE
HEURES

MIDI
(MINUIT)

UNE
HEURE

DIX
HEURES

11 **12** **1**

moins
cinq

cinq

DEUX
HEURES

10

moins
dix

dix

2

NEUF
HEURES

9

moins
le quart

et quart

3

TROIS
HEURES

moins
vingt

vingt

HUIT
HEURES

8

moins
vingt-cinq

vingt-cinq

4

QUATRE
HEURES

7

et demie

5

SEPT
HEURES

6

CINQ
HEURES

SIX
HEURES

発音

1 時から正午 (夜の 12 時) までの読み方

* ：で示した箇所ではリエゾンしません.

🎧

Il‿est ： une‿heure. (1 時)
イレ　　ユヌール

Il est sept‿heures. (7 時)
セットゥール

deux‿heures. (2 時)
ドゥズール

： huit‿heures. (8 時)
ユイトゥール

trois‿heures. (3 時)
トロワズール

neuf‿heures. (9 時)
ヌーヴール

quatre‿heures. (4 時)
カトルール

dix‿heures. (10 時)
ディズール

cinq‿heures. (5 時)
サンクール

： onze‿heures. (11 時)
オンズール

six‿heures. (6 時)
スィズール

midi (minuit). (12 時)
ミディ　　ミニュイ

A. 時・分のあらわし方

① 「〜時です」

時間をあらわす「〜時です」は，⟨**Il est ~ heure[s].**⟩ といいます. このばあいの Il est ~ は「彼は〜です」の意味ではなく，前課で学んだ Il fait ~ などと同じく ⟨非人称構文⟩ です.

Il‿est une‿heure.　1時です.
　イレ　　　ユヌール

Il est deux‿heures.　2時です.（2時以降は⟨-s⟩がつく）
　　　　　ドゥズール

② 「〜分です」

a.「〜分すぎです」:⟨Il est ~ heure[s]＋数詞.⟩　🎧
　Il‿est trois‿heures *quatre (cinq, six,...)*.
　イレ　トロワズール　　カトル　サンク スィス
　　　　　　　　3時4分（5分，6分，...）すぎです.（minute「分」は不要）

b.「〜分前です」:⟨Il est ~ heure[s]＋**moins**＋数詞.⟩
　Il est trois heures *moins quatre (cinq, six,...)*.
　　　　　　　　　モワン
　　　　　　　　　　　　　　3時4分（5分，6分，...）前です.

c.「15分すぎです」:⟨Il est ~ heure[s] **et quart.**⟩
　Il est trois heures *et quart*.　3時15分すぎです.
　　　　　　　　　エ　カール

d.「15分前です」:⟨Il est ~ heure[s] **moins le quart.**⟩
　Il est trois heures *moins le quart*.　3時15分前です.
　　　　　　　　　モワン　ル　カール

e.「〜時半です」:⟨Il est ~ heure[s] **et demie.**⟩
　Il est trois heures *et demie*.　3時半です.
　　　　　　　　　エ　ドミ

f.「正午（夜の12時）です」:⟨Il est **midi (minuit).**⟩
　　　　　　　　　　　　　　ミディ　　ミニュイ

112

3　時間の表現についての若干の注意

a. 「~時 30 分」以後は，「~時 47 分」「~時 51 分」という代わりに，「~時 13 分前」「~時 9 分前」であらわします．

「3 時 47 分」のとき：

Il est quatre heures *moins treize*.　4 時 13 分前です．
　　　　　　　　　　　　モワン　トレーズ

b. 「午前の，午後の，夜の」をとくに示したいばあいは，つぎの表現をとります．

Il est neuf_heures *du matin* (*de l'après-midi, du soir*).
　　　　ヌーヴール　デュ　マタン　ドゥ　ラプレミディ　デュ　ソワール

　　　　　　　　　　　　　　午前の(午後の，夜の) 9 時です．

c. 「18 時 47 分」式の言い方は，乗物の発着時間を示すとき以外はあまりつかわれません．

L'express arrive à　　18 *h*　　　　47.
レクスプレス　アリーヴ　ア　ディズュイトゥール　カラントセット

　　　　　　　　急行は 18 時 47 分に着きます．(*h* = *h*eure(s))

d. demie は「半分，半時間」の意．〔デミ〕と発音しないこと．

e. 「15 分〔すぎ〕」と「15 分前」を混同しないこと．

Quelle‿heure est‿il ? — Il‿est huit‿heures dix.　　🎧
　ケルール　　　エティル　　　イレ　　ユィトゥール　　ディス

　　　　　　　　　　　いま何時ですか? — 8 時 10 分です．

A quelle‿heure commence la classe ?
ア　　ケルール　　　　コマンス　　ラ　クラース

　　　　　　　　　　　　　授業は何時にはじまりますか?

— Elle commence‿à neuf_heures.　9 時にはじまります．
　エル　　コマンサ　　　ヌーヴール

113

B. 第2群規則動詞の現在形

不定詞の語尾が 〈-ir〉 で終わる動詞は，一般に〈第2群規則動詞〉とよばれます．約330の動詞がこの型に属します．

この〈-ir〉型の代表的動詞としては finir「終える，終わる」があげられます．しかし，不定詞の語尾が 〈-ir〉 で終わる動詞の中には partir 型の活用をするものもありますから，注意しましょう．

◆　finir の現在形　　　　　　　　　　　　　　　　🎧

je fin*is* ジュ フィニ	私は終える	nous fin*issons* ヌー フィニソン	私たちは終える
tu fin*is* テュ フィニ	きみは終える	vous fin*issez* ヴー フィニセ	あなたは終える
il fin*it* イル フィニ	彼は終える	ils fin*issent* イル フィニス	彼らは終える

注意　finir と同活用の比較的よく用いられる動詞：

choisir 「選ぶ」，　obéir 「従う」，　réussir 「成功する」，…
ショワズィール　　　　オベィール　　　　　レュスィール

　　Qu'est-ce que vous *choisissez* comme dessert?　　🎧
　　ケスク　　　　ヴー　ショワズィセ　　コム　デセール

　　　　　　デザートは何になさいますか? (comme ～「～として」)

◆　partir「出発する」の現在形　　　🎧

je **pars** ジュ パール	nous **partons** ヌー パルトン
tu **pars** テュ パール	vous **partez** ヴー パルテ
il **part** イル パール	ils **partent** イル パルト

Quand *partez*-vous? — Je *pars* demain matin.　　🎧
カン　　パルテ　ヴー　　　ジュ パール　ドゥマン　マタン

　　　　　　いつご出発ですか? — 明日の朝出かけます．

114

注意 partir と同活用の比較的よく用いられる動詞：

dormir 「眠る」， sentir 「感じる」， sortir 「外出する」，…
ドルミール　　　　　サンティール　　　　　　ソルティール

　　　不定詞の語尾が〈-ir〉で終わっても，直説法・現在形において，〈-er 動詞〉と同じ活用をする動詞が若干あります．

ouvrir 「開ける」： j'ouvre,... il^ouvre, nous_ouvrons,...
ウーヴリール　　　　　　ジュヴル　　　　　イルーヴル　　　　　ヌーズーヴロン

offrir 「贈る」： j'offre,... il^offre, nous_offrons,...
オフリール　　　　　　ジョフル　　　　　イロフル　　　　　ヌーゾフロン

　　〈-er 動詞〉（第 1 群規則動詞）以外のほとんどすべての動詞は一定の語尾 (-s, -s, -t, -ons, -ez, -ent) をとります．したがって，現在形の活用語尾はつぎの 2 つの型に分類することができます．

$$\begin{cases} \text{e 型: } & \text{-e, -es, -e, -ons, -ez, -ent} \\ \text{s 型: } & \text{-s, -s, \ \ -t, -ons, -ez, -ent} \end{cases}$$

練習　16

A. つぎの時間をフランス語で言いなさい．

Quelle heure est-il? — Il est _____

1.　5 : 06　　　　3.　9 : 15　　　　5.　11 : 30

2.　7 : 50　　　　4.　9 : 45　　　　6.　12 : 00（夜）

B. つぎの文をフランス語で言ったあと，文字で書きなさい．

1.　私は 12 時半ごろに (vers) 昼食をとります (déjeuner)．

2.　フランス語の授業 (classe 囡) は 3 時 50 分に終わります．

3.　彼女は両親によく従います．(obéir à ～「～に従う」)

4.　ミュリエル (Muriel) は窓 (fenêtre 囡) をあけます．

17 Nous avons de l'argent.

39

A. 部分冠詞

	男性形	女性形
単数形のみ	**du** (de l') デュ	**de la** (de l') ドゥ ラ

　部分冠詞は〈数えられないもの〉に用いられる冠詞ですから，複数形はありません．母音字または無音の h ではじまる語の前では男性形も女性形も de l' の形になります．

男性名詞		女性名詞	
du pain デュ パン	パン	*de la* viande ドゥ ラ ヴィアンド	肉
du courage デュ クーラージュ	勇気	*de la* chance ドゥ ラ シャンス	幸運
*de l'*argent ドゥ ラルジャン	お金	*de l'*eau ドゥ ロー	水

🎧

B. 部分冠詞の用法

　フランス語には3種類の冠詞があります．そのうち，不定冠詞と定冠詞はすでに学びました．もう1つは，これから学ぶ〈部分冠詞〉とよばれる冠詞です．

　部分冠詞は，ふつう〈数えられないもの〉として扱われる物質名詞(パン・肉・水など)や，抽象名詞(勇気・幸運・忍耐など)の前におかれて，その〈いくらかの量〉，また抽象名詞のばあいは〈ある程度〉をあらわす冠詞です．

　部分冠詞も不定冠詞も，〈ある不特定なものの若干の量〉をあらわす点で働きは同じですが，不定冠詞は〈計数的〉，部分冠詞は〈計量的〉ということができます．

ここで，poisson「魚」を例にとって，今までに学んだ 3 つの冠詞を総体と部分の面から比較してみましょう.

1. 〈総体的〉にとらえるとき定冠詞：「というもの」.

   Il‿aime *le* poisson.　彼は魚[というもの]が好きです.
   イレーム　ル　ポワソン

2. 〈部分的〉に〈数〉でとらえるとき不定冠詞：「1 つの」「いくつかの」.

   Il mange *un* poisson (*des* poissons).
   イル マンジュ アン ポワソン　　デ　　ポワソン

   　　　　　　　　　　　　　彼は[1匹の(何匹かの)]魚を食べます.

3. 〈部分的〉に〈量〉でとらえるとき部分冠詞：「いくらかの」.

   Il mange *du* poisson.　彼は[いくらかの]魚を食べます.
   イル マンジュ デュ ポワソン

注意　なお，コーヒー，ビールなどの物質名詞も，茶碗や瓶などの容器に入っていて，数的にとらえると不定冠詞がつきます.
　　　un café 「コーヒー1杯」（=une tasse de ～「1杯の～」）
　　　une bière 「ビール1本」（=une bouteille de ～「1瓶の～」）

C. 否定文における部分冠詞

否定文では，不定冠詞のばあいと同じように（☞ *p. 58*），直接目的語となる名詞の前におかれる部分冠詞 (du, de la, de l') は，すべて de (d') に変わります.

Michel mange *du* riz. → Michel ne mange pas *de* riz.　🎧
ミシェル　マンジュ デュ リ　　　　　ヌ　マンジュ　パ ドゥ リ

　　　ミシェルは米を食べます. → ミシェルは米を食べません.

Nous‿avons *de* l'argent. → Nous n'avons pas *d*'argent.
ヌーザヴォン　ドゥ ラルジャン　　　ヌー　　ナヴォン　パ　ダルジャン

　　　私たちはお金をもっています. → 私たちはお金をもっていません.

D.　動詞 prendre

prendre は英語の *to take* にあたる重要な動詞で，多くの意味につ
かわれます．manger, boire に代わって「食べる」「飲む」のほか，
「乗る」「手に取る」などの意味をもちます．同じ活用形の動詞：ap-
prendre「学ぶ，教える」，comprendre「理解する」．

◆　prendre の現在形　　　　　　　　　　　　　🎧

je **prends**　 ジュ　プラン	nous **prenons**　 ヌー　プルノン
tu **prends**　 テュ　プラン	vous **prenez**　 ヴー　プルネ
il **prend**　 イル　プラン	ils **prennent**　 イル　プレンヌ

🎧

Au dîner, je *prends* de la viande　avec　du vin rouge.　Je
オ　ディネ　ジュ　プラン　ドゥ　ラ　ヴィアンド　アヴェック　デュ　ヴァン　ルージュ　ジュ

ne mange pas de poisson : je n'aime pas le poisson.
ヌ　マンジュ　パ　ドゥ　ポワソン　ジュ　ネーム　パ　ル　ポワソン

　　夕食に，私は赤ぶどう酒とともに肉を食べます．私は魚は食べません
　　魚を好みませんから．

E.　数量副詞

1.　**combien de ~**　「どれだけの~」

〈combien de＋無冠詞の複数名詞〉の形であらわされます．

Combien de frères avez-vous ?　ご兄弟は何人ですか？　　🎧
コンビャン　ドゥ　フレール　アヴェ　ヴー

注意　語順を変えて，combien と de の間に動詞-主語を入れる形
　　もよくつかわれます．どちらでも意味に変わりはありません．

　　　Combien ┆ avez-vous *de* frères ?

　　　　　　（combien の -n のあとではリエゾンはおこなわれません）

2. beaucoup de 〜 「たくさんの〜」

〈beaucoup de＋無冠詞の名詞〉の形であらわされますが，数えられる名詞は複数形に，数えられない名詞は単数形におかれます.

Elle‿a *beaucoup d*'enfants.　彼女は子だくさんです.　🎧
エラ　　ボークー　　ダンファン

Elle a *beaucoup d*'imagination.　彼女は想像力が豊かです.
ディマジナスィヨン

3. un peu de 〜 「少しの〜」

〈un peu de＋無冠詞の単数名詞〉の形であらわされます.

Un peu d'eau, s'il vous plaît.　水を少しください.　🎧
アン　プー　ドー　スィル　ヴー　プレ

4. peu de 〜 「ごくわずかの〜，ほとんど〜ない」

Il‿a *peu d*'amis‿intimes.　彼には親友がほとんどいません.　🎧
イラ　プー　　ダミザンティーム

5. assez de 〜 「じゅうぶんな〜」

As-tu *assez d*'argent？　お金はじゅうぶんもっているの？　🎧
ア　テュ　アッセ　ダルジャン

6. trop de 〜 「あまりに多くの〜」

J'ai *trop de* travail.　私は仕事が多すぎる.　🎧
トロ　ドゥ　トラヴァイユ

◆　boire「飲む」の現在形　🎧

je **bois** ジュ　ボワ	nous **buvons** ヌー　ビュヴォン
tu **bois** テュ　ボワ	vous **buvez** ヴー　ビュヴェ
il **boit** イル　ボワ	ils **boivent** イル　ボワーヴ

練習　**17**

A. つぎの単語の意味を（　）内に記し，点線部に適当な部分冠詞を
書き入れなさい.

1. ＿＿＿＿ café　　（　　　）　　　7. ＿＿＿＿ lait　　　（　　　）

2. ＿＿＿＿ thé　　　（　　　）　　　8. ＿＿＿＿ huile　　（　　　）

3. ＿＿＿＿ vin　　　（　　　）　　　9. ＿＿＿＿ confiture（　　　）

4. ＿＿＿＿ bière　　（　　　）　　10. ＿＿＿＿ patience （　　　）

5. ＿＿＿＿ beurre　（　　　）　　11. ＿＿＿＿ esprit　（　　　）

6. ＿＿＿＿ fromage（　　　）　　12. ＿＿＿＿ talent　（　　　）

B.　否定文に言いかえなさい.

1. Nous aimons les sports.

2. Tu as du courage.

3. Avez-vous de l'argent?

4. C'est une revue française.

┌─果物・飲み物など──────────────────────┐

pomme　　囡　りんご　　　café au lait　男　カフェ・オレ
ポム　　　　　　　　　　　　カフェ　オ　　レ

mandarine 囡　みかん　　jus d'orange　男　*orange juice*
マンダリーヌ　　　　　　　ジュ　ドランジュ

banane　　囡　バナナ　　citron pressé 男　*lemon juice*
バナーヌ　　　　　　　　　スィトロン　プレッセ

fraise　　囡　いちご　　eau minérale 囡　*mineral water*
フレーズ　　　　　　　　　オー　　ミネラル

cerise　　囡　さくらんぼ　glace　　　　囡　*ice cream*
スリーズ　　　　　　　　　グラース

└──────────────────────────────────┘

18 L'amour est plus fort que la mort. 🎧

40

A. 比較級

plus プリュ aussi オスィ moins モワン	+ { 形容詞 副 詞 } + que ~	{ ~より多く… (優等比較級) (*more*) ~と同じくらい… (同等比較級) (*as*) ~ほど…ない (劣等比較級) (*less*) }

① 形容詞の比較級

英語では, 形容詞の比較級は *long → longer* のように接尾辞 *-er* を加えてつくりますが, フランス語では形容詞の前に plus, aussi, moins のいずれかをおきます.

🎧

Jean est { *plus*
aussi
moins } âgé *que* Paul. ジャンはポール { より年上です.
と同い年です.
より年下です. }
ジャン エ　　　　　　　アジェ　　　　ポール

L'amour est *plus* fort *que* la mort.　愛は死よりも強し.
ラムール　エ　プリュ フォール ク　ラ　モール

Il fait *plus* chaud aujourd'hui *qu*'hier.　今日は昨日より暑い.
イル フェ プリュ　ショー　オージュルデュイ　キエール

Le mois de juillet est aussi long *que* le mois d'août.
ル　モワ ドゥ ジュイエ エトォスィ　ロン　ク　ル　モワ ドゥー〔ト〕

7月と8月は同じ長さです.

La lune est *moins* grande *que* la terre.
ラ リュヌ エ　モワン　グランド　ク　ラ　テール

月は地球ほど大きくない.

② 副詞の比較級

Jean court $\left\{\begin{array}{c} \textit{plus} \\ \textit{aussi} \\ \textit{moins} \end{array}\right\}$ vite *que* Paul.
ジャン クール   ヴィット ク ポール   🎧

$\left\{\begin{array}{l} \text{ジャンはポールより早く走る.} \\ \text{ジャンはポールと同じくらい早く走る.} \\ \text{ジャンはポールほど早く走らない.} \end{array}\right.$

René parle *plus* vite *que* Louis.　ルネはルイより早口です.
ルネ パルル プリュ ヴィット ク ルイ

Il parle français *aussi* couramment *que* son professeur.
イル パルル フランセ オスィ クーラマン ク ソン プロフェスール

彼は先生と同じくらい流暢にフランス語を話します.

Je vais au cinéma *moins* souvent *que* ma sœur.
ジュ ヴェ オ スィネマ モワン スーヴァン ク マ スール

ぼくは妹ほどは映画に行かない.

B.　特別な優等比較級をもつ bon と bien

a.　形容詞 bon「良い」の優等比較級は plus bon とは言いません.
meilleur[e][s][メィユール]「もっと良い」(=*better*) という特別な形
をつかうことに注意しましょう.

Pour la santé, l'eau est *meilleure* que le vin.　　　　🎧
プール ラ サンテ ロー エ メィユール ク ル ヴァン

健康には水はぶどう酒よりも良い.

＊　aussi bon que 〜, moins bon que 〜 は変わりません.

b.　副詞 bien「よく」の優等比較級も plus bien とは言いません.
mieux[ミュ]「よりよく」(=*better*) という特別な形を つかいます.

Sylvie travaille *mieux* que Jérome.　　　　🎧
シルヴィ トラヴァイユ ミュ ク ジェローム

シルヴィはジェロームよりよく働きます.

C. 最上級

1 形容詞の最上級

　形容詞の最上級をあらわすには，関係する語の性・数に応じた定冠詞 (le, la, les のいずれか) のあとに，優等比較級 plus または劣等比較級 moins，そのあとに形容詞をおきます．

　「～のうちで」は de ～ で示されますが，前後関係から文意が明らかであれば，de ～ は省略されます．

$$\left.\begin{array}{l}\textbf{le}\\\textbf{la}\\\textbf{les}\end{array}\right\}+\left\{\begin{array}{l}\textbf{plus}\\[2pt]\small プリュ\\[2pt]\textbf{moins}\\[2pt]\small モワン\end{array}\right\}+形容詞+\underset{\small ドゥ}{\textbf{de}} ～\left\{\begin{array}{l}～の中でいちばん\dots\\\hspace{2em}（優等最上級）\\～の中でいちばん\dots でない\\\hspace{2em}（劣等最上級）\end{array}\right.$$

Paul est *le plus* grand *de* la classe.
ポール　エ　ル　プリュ　グラン　ドゥ　ラ　クラス

　　　　　　　　ポールはクラスの中でいちばん背が高い．

Jeanne est *la plus* grande *de* la classe.
ジャンヌ　　エ　ラ　プリュ　グランド

　　　　　　　　ジャンヌはクラスの中でいちばん背が高い．

Michel est *le moins* grand *de* la classe.
ミシェル　エ　ル　モワン　グラン

　　　　　　　　ミシェルはクラスの中でいちばん背が高くない．

La Loire est *le plus* long *des* fleuves français.
ラ　ロワール　エ　ル　プリュ　ロン　デ　フルーヴ　フランセ

　　　　　　　ロワール川はフランスの河川の中でいちばん長い．
　　　　　　　(le plus long のあとに fleuve 男 が省略されています)

Louise est *la moins* heureuse *des* trois filles.
ルイーズ　エ　ラ　モワン　ウールーズ　デ　トロワ　フィーユ

　　　　　　　ルイーズは三人娘の中でいちばん幸せでない．

注意 所有形容詞が先立つと，最上級の定冠詞は省略されます.

  C'est *ma plus* grande joie.
   セ マ プリュ グランド ジョワ

         それは私のもっとも大きな喜びです.

 * 〈名詞＋形容詞〉の語順のとき，形容詞が最上級におかれると，名詞の前の冠詞は定冠詞になります.

  Le printemps est‿une saison agréable.
   ル プランタン エテュヌ セゾン アグレアブル

        春は心地よい季節だ.

→ Le printemps est *la* saison la plus‿agréable.
       ラ   ラ プリュザグレアブル

        春はいちばん心地よい季節だ.

 * 〈形容詞＋名詞〉の語順のとき，形容詞の前に定冠詞＋plus (moins) をおきます.

  Paris est‿une belle ville. パリは美しい町です.
     エテュヌ ベル ヴィル

→ Paris est *la plus* belle ville.
     ラ プリュ

        パリはいちばん美しい町です.

2 副詞の最上級

副詞の最上級のばあい，**定冠詞はつねに le** です.

Irène court *le plus* vite. イレーヌがいちばん早く走ります. 🎧
イレーヌ クール ル プリュ ヴィット

◆ courir「走る」の現在形 🎧

je cours ジュ クール	nous courons ヌー クーロン
tu cours テュ クール	vous courez ヴー クーレ
il court イル クール	ils courent イル クール

124

D. 特別な最上級をもつ bon と bien

形容詞 bon と副詞 bien は最上級のばあいも特別な形をとります.

a. 形容詞 bon の優等最上級は **le meilleur** [ルメィユール], la meilleure, les meilleur[e]s「いちばん良い」(=*the best*).

Odile est *la meilleure* étudiante de la classe.　🎧
オディール エ ラ メィユール エテュディアント ドゥ ラ クラース

　　　　　　　　オディールはクラスでいちばんすぐれた学生です.

b. 副詞 bien の優等最上級は **le mieux** [ルミュ]「いちばん良く」.

Cécile chante *le mieux* de notre école.　🎧
セスィール シャント ル ミュ ドゥ ノートル エコール

　　　セシールはぼくたちの学校でいちばん歌が上手です. (Cécile は女性)

練習 18

A. 文意にしたがって 点線部に plus または moins のいずれかを入れて, 全文を読み, 意味を言いなさい.

1. La lune est _____ grande que la terre.

2. L'huile est _____ légère que l'eau.

3. Le train rapide roule _____ vite que l'express.

4. La France est _____ grande que la Russie.

B. つぎの文中の形容詞・副詞の比較級または最上級のあらわし方に文法上の誤りがあれば, その箇所を訂正しなさい.

1. Il travaille plus bien que Jean.

2. Jeanne marche la plus lentement.

3. Le vin français est le plus bon vin du monde.

19 Mademoiselle est sortie.

A. 過去分詞の型

フランス語の会話で，過去の行為をあらわすときにもっともよくつかわれる〈複合過去形〉は，助動詞に過去分詞を添えた形です．

そこで，複合過去形を学ぶ前に先ず〈過去分詞〉の型について，しらべてみましょう．

フランス語の動詞の過去分詞は，つぎの5種の語尾のいずれかで終わります．このうち，-é, -i, -u の型をとるものがもっとも多く，一部の動詞が -s, -t で終わります．

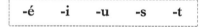

1. -er 動詞の過去分詞はすべて -é.
2. -ir 動詞の過去分詞の大半は -i. ただし例外も多い.
3. -oir 動詞の過去分詞の大半は -u.
4. -re 動詞の過去分詞は -s, -t, -u など.

◆　おもな動詞の過去分詞形

aim*er*	愛する	**aim*é*** [エメ]	-é
fin*ir*	終わる	**fin*i*** [フィニ]	-i
voir	見る	**vu** [ヴュ]	-u
pouvoir	出来る	**pu** [ピュ]	-u
mettre	置く	**mis** [ミ]	-s
prendre	取る	**pris** [プリ]	-s
faire	する	**fait** [フェ]	-t

助動詞の過去分詞形：　être → **été** [エテ]　　avoir → **eu** [ユ]

B. 複合過去形

> 複合過去形 ＝ 助動詞（**avoir** または **être**）の現在形＋過去分詞

① 他動詞のすべて
　自動詞の大部分 } の複合過去形 ＝ **avoir** の現在形＋過去分詞

◆ aimer の複合過去形　🎧　　　◆ finir の複合過去形　🎧

j'ai		aimé
ジェ		エメ
tu	as	aimé
テュ	ア	エメ
il⌢	a	aimé
イラ		エメ
nous‿avons aimé		
ヌーザヴォンゼメ（エメ）		
vous‿avez		aimé
ヴーザヴェゼメ（エメ）		
ils‿	ont‿	aimé
イルゾンテメ		

j'ai		fini
ジェ		フィニ
tu	as	fini
テュ	ア	フィニ
il⌢	a	fini
イラ		フィニ
nous‿avons		fini
ヌーザヴォン		フィニ
vous‿avez		fini
ヴーザヴェ		フィニ
ils‿	ont	fini
イルゾン		フィニ

発音　助動詞と過去分詞の間のリエゾンは任意ですが，tu as のあとではふつうリエゾンしません.

注意　複合過去否定形 ＝〈主語＋**ne**＋助動詞＋**pas**＋過去分詞〉

◆ aimer の複合過去・否定形

je *n*'ai *pas* aimé	nous *n*'avons *pas* aimé	
tu *n*'as *pas* aimé	vous *n*'avez　*pas* aimé	
il *n*'a　*pas* aimé	ils　*n*'ont　　*pas* aimé	

注意 複合過去(倒置)疑問形 = 〈 助動詞-主語＋過去分詞 〉

◆ finir

ai-je fini ?	avons-nous fini ?
as-tu fini ?	avez-vous fini ?
a-t-il fini ?	ont-ils fini ?

2 自動詞の一部 ⎫
　代名動詞* 　⎬ の複合過去形 = être の現在形＋過去分詞
　　　　　　　⎭

◆ aller「行く」の複合過去形 🎧　◆ venir「来る」の複合過去形 🎧

je	suis‿	allé[e]
ジュ	スュイザレ	
tu	es‿	allé[e]
テュ	エザレ	
il⌢	est‿	allé
	イレタレ	
elle⌢	est‿	allée
	エレタレ	
nous	sommes‿allé[e]s	
ヌー	ソムザレ	
vous‿êtes‿	allé[e][s]	
ヴーゼットザレ		
ils	sont‿	allés
イル	ソンタレ	
elles	sont‿	allées
エル	ソンタレ	

je	suis	venu[e]
ジュ	スュイ	ヴニュ
tu	es	venu[e]
テュ	エ	ヴニュ
il⌢	est	venu
	イレ	ヴニュ
elle⌢	est	venue
	エレ	ヴニュ
nous	sommes	venu[e]s
ヌー	ソム	ヴニュ
vous‿êtes	venu[e][s]	
ヴーゼット	ヴニュ	
ils	sont	venus
イル	ソン	ヴニュ
elles	sont	venues
エル	ソン	ヴニュ

発音 être を助動詞とする複合過去・肯定形では，助動詞と過去分詞の間はすべてリエゾンされます.

(* 代名動詞 ☞ p. 161)

128

注意 前ページの活用表で，主語の je, tu, nous, vous が女性のときは，過去分詞に〔 〕内の -e を加えます.

また，vous が「あなた方・きみたち」の意味で複数をあらわすばあいには，過去分詞に〔 〕内の -s を加えます.

このように，複合過去形で助動詞に être をとるばあい，過去分詞は主語の性と数に一致しなければなりません．これは〈**過去分詞の一致**〉とよばれる大切な文法事項です.

発音 語尾が -s, -t で終わる過去分詞は -e がつくと，-s, -t が発音されることに注意しましょう. (*ex.* mis → mis*e* [ミーズ])

③ 複合過去形で助動詞に être をとる主な動詞

その多くは，場所や状態の変化をあらわす動詞で，20 近くを数えるにすぎません．しかし，いずれも使用頻度がきわめて高い動詞ばかりです．かならず過去分詞といっしょにおぼえてください.

不定詞		過去分詞	不定詞		過去分詞
naître ネートル	生まれる	né ネ	**partir** パルティール	出発する	parti パルティ
mourir ムーリール	死ぬ	mort モール	**arriver** アリヴェ	着く	arrivé アリヴェ
sortir ソルティール	出る	sorti ソルティ	**aller** アレ	行く	allé アレ
entrer アントレ	入る	entré アントレ	**venir** ヴニール	来る	venu ヴニュ
monter モンテ	上る	monté モンテ	**devenir** ドゥヴニール	～になる	devenu ドゥヴニュ
descendre デッサンドル	下りる	descendu デッサンデュ	**rester** レステ	とどまる	resté レステ

④ 複合過去形の用法

もっぱら話しことばで, 過去の行為をあらわすのにつかわれます. また, この過去時制の特徴は何らかの意味で現在とつながっていることで, 過去に完了した行為の結果である現在の状態をあらわします.

Bernard *est parti* ce matin pour la Suisse. (過去)
ベルナール　エ　パルティ　ス　マタン　プール　ラ　スィス

　　　　　　　　　　ベルナールはけさスイスへ出発しました.

Mademoiselle n'est pas là, elle‿*est sortie.* (現在の状態)
マドゥモワゼル　　ネ　　パ　ラ　　　エレ　　ソルティ

　　　お嬢さんはいらっしゃいません, お出かけです. (=お留守です)

Vous dînez avec nous? — Non, merci, j'*ai* déjà *mangé.*
ヴー　　ディネ　アヴェック　ヌー　　　　ノン　メルスィ　ジェ　デジャ　マンジェ

　　　　　　　　　　　　　　　　　　　　　　　　　　　　　　(完了)

　　　私たちといっしょに夕食をなさいますか?—いえ, 結構です. もうすませました.

練習 19

A.　現在形におかれた動詞を複合過去形にかえて, 全文を読み, 意味を言いなさい.

1.　Mes parents partent en voyage.

2.　Est-ce que vous voyez Robert?

3.　Louise et Hélène vont au Musée du Louvre.

4.　Aujourd'hui, nous apprenons l'emploi des verbes.

B.　つぎの文をフランス語で言いなさい.

1.　彼はこの家を昨年買いました (acheter).

2.　私たちはバスに乗りました (prendre l'autobus), そして劇場の前で (devant) 降りました.

20 Connaissez-vous la dame que j'ai saluée? 🎧42

A. 関係代名詞の種類

　フランス語の関係代名詞には，形の上でつぎのものがあります．そして，これらの関係代名詞によって指示される語を〈先行詞〉，関係代名詞によってみちびかれる従属節を〈関係詞節〉といいます．

1. qui, que： 先行詞は「人」と「物」．
2. dont 　　： 先行詞は「人」と「物」．de が含まれる．
3. où 　　　： 「時間」と「場所」に関して．
4. lequel, laquelle, lesquels, lesquelles： 先行詞は主として「物」．
5. 前置詞＋lequel, *etc* (auquel, duquel, *etc.*)
6. 前置詞＋qui ： 先行詞は「人」．
7. 前置詞＋quoi： 先行詞は中性語，または先行詞なし．

B. 関係代名詞 (1) qui と que

　① **qui** [キ]：「人」にも「物」にもつかわれ，先行詞となる名詞・代名詞が関係詞節中で**主語**の働きをします．

Connaissez-vous *ce monsieur*?
　コネセ　　　ヴース　ムスィウ
　　　　　　　　　　　あなたは知っていますか・あの男の人を？

Le monsieur porte des lunettes.
　ル　ムスィウ　ポルト　デ　リュネット
　　　　　　　　　その男の人はめがねをかけています．

　この2つの文を関係代名詞をつかって1つの文にまとめると：

Connaissez-vous *le monsieur* **qui** porte des lunettes? 🎧
　コネセ　　　ヴール　ムスィウ　キ　ポルト　デ　リュネット
　　　　　　めがねをかけたあの男の人をあなたは知っていますか？

131

$\left\{\begin{array}{l}\text{Apportez ici } \textit{ces lunettes.}\\ \text{アポルテ イスィ セ リュネット}\\ \text{ここにもって来てください・あのめがねを.}\\ \textit{Les lunettes } \text{sont sur la table.}\\ \text{レ リュネット ソン スュール ラ ターブル}\\ \text{そのめがねはテーブルの上にあります.}\end{array}\right.$

Apportez ici *les lunettes* **qui** sont sur la table. 🎧
　　　テーブルの上にあるめがねをここにもって来てください.

◆　connaître [コネートル]「知っている」の現在形

je connais ジュ　コネ	nous connaissons ヌー　　　コネソン
tu connais テュ　コネ	vous connaissez ヴー　　コネセ
il connaît イル　コネ	ils connaissent イル　　コネス

🎧

2　**que** [ク]:「人」にも「物」にもつかわれ, 先行詞となる名詞・代名詞が関係詞節中で**直接目的**の働きをします. que は母音字の前では qu' になります. (qui は母音字の前でもつねに qui)

$\left\{\begin{array}{l}\text{Connaissez-vous } \textit{cette dame}\,?\quad\text{あの女の人を知っていますか?}\\ \text{コネセ ヴー セット ダム}\\ \text{J'ai salué } \textit{la dame.}\quad\text{私はその女の人におじぎをしました.}\\ \text{ジェ サリュエ ラ ダム}\end{array}\right.$

Connaissez-vous *la dame* **que** j'ai saluée? 🎧
　　コネセ　　　　ヴー　ラ　ダム　ク　ジェ　サリュエ
　　　　　　　　私がおじぎをしたあの女の人をご存知ですか?

注意　日本語では，「ある人におじぎをする（挨拶する）」と言います
　　　から，「ある人」はあたかも間接目的のようにうけとられますが，
　　　saluer *qn* の *qn*「ある人」は直接目的として扱われます．つまり，
　　　文法上は「ある人をおじぎする」となるわけです．
　　　　よくつかわれるつぎのような動詞のばあいも，*qn* はフランス
　　　語では直接目的になりますから注意しましょう．

　　　　voir *qn*「ある人に会う」　　rencontrer *qn*「ある人に出会う」

　　　　remercier *qn*「ある人に礼を言う」

③　過去分詞の一致

〈過去分詞の一致〉という文法事項については，その1つのばあい
を複合過去形の課で学びました（☞ *p. 129*）が，ここでさらにもう1つ
のばあいをおぼえてください．

　複合過去形など〈複合時制〉（「複合時制」とは助動詞＋過去分詞
で構成される時制をいいます）において，助動詞に **avoir** をとる動詞
では，直接目的語が動詞よりも前におかれるとき，過去分詞はその直
接目的語と性・数が一致します．

　直接目的語が動詞の前におかれるばあいとして，関係代名詞 que
があります．すでに見た文例：Connaissez-vous la dame que j'ai
salué*e*? で，過去分詞 salué に〈-e〉が添えられているのは直接目
的 la dame の性（女性）に一致したものです．

注意　que ではじまる関係詞節で，主語が名詞のときには，主語と動
　　　詞がしばしば倒置されます．

　　　　C'est le livre que m'a prêté mon‿ami.
　　　　セ　ル　リーヴル　ク　マ　プレテ　　モンナミ

　　　　　　　　　　　　これは友人が私に貸してくれた本です．

　　　　　　　　　　　　（mon ami が a prêté の主語）

C. 不定代名詞 on

on は「人は，人々は，誰かが」などの意味の代名詞で，主語としてのみ用いられます．とくに話しことばでよく用いられ，あとにくる動詞は3人称単数形におかれます．

1. on が不特定の人をさすばあい：

Quand_*on*_aime, on devient bien bête. （人間一般をさす） 🎧
カントンネーム　　　　オン　ドゥヴィエン　ビエン　ベート

人は恋をすると，すっかり愚かになるものだ．

On frappe à la porte, qui est-ce? （on=quelqu'un）
オン　フラップ　ア　ラ　ポルト　キ　エ　ス

誰かがドアをノックしている，誰だろう？

2. on が人称代名詞に代わって特定の人，人々をさすばあい：

On peut* téléphoner? （on=je） 電話をかけていいですか？ 🎧
オン　プゥ　　テレフォネ

＊ peut は pouvoir「出来る」の3人称単数形（☞ *p. 139*).

3. on はほとんどすべての人称に代わって用いられます．とくに話しことばでは，しばしば nous の代わりをつとめます．

Hier, *on*_est_allé au concert. 昨日は音楽会に行きました． 🎧
イェール　オンネタレ　　オ　コンセール

注意 on は si, que, où, et のあと，あるいは文頭では，母音の連続をさけるため l'on とすることがよくあります．

Je fais si *l'on* veut. 望まれれば私はやります．
ジュ　フェ　スィ　ロン　　ヴー

on が複数または女性をあらわすばあい，動詞は単数のままで，属詞は意味に応じて一致させるのがふつうです．

*On*_est_égaux* devant la loi. 人は法の前では平等である．
オンネテゴー　　　ドゥヴァン　ラ　ロワ

＊ égaux は形容詞 égal「等しい，平等な」の複数形．

練習 20

A. 関係代名詞 qui または que を入れて，意味を言いなさい.

1. Votre ami _____ vous cherchez n'est pas ici.

2. Les valises _____ sont devant la porte sont à* Paul.
   * sont à: être à *qn*「ある人のものである」

3. C'est la chanteuse _____ j'adore.

4. Albert Camus est un écrivain français _____ j'aime beaucoup
et _____ a écrit « L'Étranger ».

B. つぎの各組の2つの文を，qui または que をつかって，1つの
文にまとめなさい.

1. { Prenez ce livre.
   { Le livre est sur la table.

2. { La jeune fille est dans la cour.
   { Vous cherchez cette jeune fille.

3. { Paris est une ville.
   { Cette ville attire beaucoup de touristes.

4. { Les exercices ne sont pas difficiles.
   { Je fais ces exercices.

C. つぎの文をフランス語で言ったあと，全文を書きなさい.

1. 彼が挨拶をした外国人 (男) は，私たちのフランス語の先生です.

2. それは昨日私が買った (acheter) 万年筆です.

3. ついさっき (tout à l'heure) あなたが出会ったお嬢さん (jeune
fille) を知っていますか?

21 Voilà la collection dont il est fier.

A. 関係代名詞 (2) dont と où

　① **dont** [ドン]: dont は前置詞 de が含まれている関係代名詞として扱われます. つまり, dont は関係詞節中で, 名詞・代名詞または形容詞・動詞〔句〕が de を要求するときにつかわれる関係代名詞です.「人」にも「物」にもつかいます.

a.　dont が名詞を補足するとき:

Voici　*M.　Dulac.*　こちらはデュラックさんです.
　ヴォワスィ　ムスィウ　デュラック

Vous connaissez le fils *de M. Dulac.*
　ヴー　　　コネセ　　ル フィス ドゥ ムスィウ デュラック

　　　　　　　あなたはデュラックさんの息子を知っています.

Voici　*M.　Dulac* **dont** vous connaissez le fils.
ヴォワスィムスィウ デュラック　ドン　　ヴー　　　コネセ　　ル フィス

　　　こちらはあなたがその息子さんをご存知のデュラックさんです.

b.　dont が形容詞を補足するとき:

Le jeune homme est Français.　その青年はフランス人です.
　ル　　ジュノム　　　エ　　フランセ

Elle est amoureuse *de* ce jeune homme.*
エレタムルーズ　　　ドゥ　　ジュノム

　　　　　　　　彼女はその青年に恋をしています.

　　*　 être amoureux(se) de ～「～に恋している」

Le jeune homme **dont** elle est amoureuse est Français.
ル　　ジュノム　　　　　　　ドンテレタムルーズ　　　エ　　フランセ

　　　　　　　彼女が恋している青年はフランス人です.

発音　dont は母音字の前ではリエゾンされます.　なお, これまでリエゾンとアンシェヌマンがおこなわれる箇所はそれぞれ ‿ と ⌢ で示してきましたが, これらのしるしはこの課以降はぶきます.

郵 便 は が き

101-0052

東京都千代田区神田小川町3-24

白 水 社 行

購読申込書

■ご注文の書籍はご指定の書店にお届けします。なお，直送を
ご希望の場合は冊数に関係なく送料300円をご負担願います。

書 名	本体価格	部 数

★価格は税抜きです

(ふりがな)

お 名 前　　　　　　　　　　　　(Tel.　　　　　　　　　　　)

ご 住 所　（〒　　　　　　　　）

ご指定書店名（必ずご記入ください）	取次	（この欄は小社で記入いたします）
Tel.		

■その他小社出版物についてのご意見・ご感想もお書きください。

■あなたのコメントを広告やホームページ等で紹介してもよろしいですか？
　　1. はい（お名前は掲載しません。紹介させていただいた方には粗品を進呈します）　　2. いいえ

ご住所	〒　　　　　　　　　　　電話（　　　　　　　　　　　）
（ふりがな） お名前	（　　　歳） 1.　男　　2.　女
ご職業または 学校名	お求めの 書店名

■この本を何でお知りになりましたか？
1. 新聞広告（朝日・毎日・読売・日経・他〈　　　　　　　　　　〉）
2. 雑誌広告（雑誌名　　　　　　　　　　　　）
3. 書評（新聞または雑誌名　　　　　　　　　　　　）　　4.《白水社の本棚》を見て
5. 店頭で見て　　6. 白水社のホームページを見て　　7. その他（　　　　　　　　　　　）
■お買い求めの動機は？
1. 著者・翻訳者に関心があるので　　2. タイトルに引かれて　　3. 帯の文章を読んで
4. 広告を見て　　5. 装丁が良かったので　　6. その他（　　　　　　　　　　　）
■出版案内ご入用の方はご希望のものに印をおつけください。
1. 白水社ブックカタログ　　2. 新書カタログ　　3. 辞典・語学書カタログ
4. パブリッシャーズ・レビュー《白水社の本棚》（新刊案内／1・4・7・10 月刊）

※ご記入いただいた個人情報は、ご希望のあった目録などの送付、また今後の本作りの参考にさせていた
　だく以外の目的で使用することはありません。なお書店を指定して書籍を注文された場合は、お名前・
　ご住所・お電話番号をご指定書店に連絡させていただきます。

Voilà *la collection.* これがコレクションです.
ヴォワラ ラ コレクスィヨン

Il est fier *de* cette collection.*
イレ フィエール ドゥ セット コレクスィヨン

彼はこのコレクションを自慢しています.

* être fier de 〜「〜を自慢している」

Voilà *la collection* **dont** il est fier. 🎧
ヴォワラ ラ コレクスィヨン ドンティレ フィエール

これが彼の自慢しているコレクションです.

c. dont が動詞〔句〕を補足するとき:

C'est *la chanteuse d'opéra.* それはオペラ歌手です.
セ ラ シャントゥーズ ドペラ

On parle beaucoup *de cette chanteuse d'opéra.*
オン パルル ボークー ドゥ セット シャントゥーズ ドペラ

そのオペラ歌手は大変話題になっています.

* parler de 〜「〜について話す」(人々はそのオペラ歌手について大いに話している)

C'est *la chanteuse d'opéra* **dont** on parle beaucoup. 🎧
セ ラ シャントゥーズ ドペラ ドントン パルル ボークー

それはいま大変話題になっているオペラ歌手です.

Le dictionnaire est dans la bibliothèque.
ル ディクスィヨネール エ ダン ラ ビブリオテーク

その辞書は図書館にあります.

Vous avez besoin *de* ce dictionnaire.*
ヴーザヴェ ブゾワン ドゥ ス ディクスィヨネール

あなたはその辞書を必要としている.

* avoir besoin de 〜「〜を必要とする」 🎧

Le dictionnaire **dont** vous avez besoin est dans la biblio-
ル ディクスィヨネール ドン ヴーザヴェ ブゾワン エ ダン ラ ビブリオ

thèque. あなたが必要とする辞書は図書館にあります.
テーク

137

2 **où** [ウー]: où は場所または時間をあらわす名詞が先行詞の
ばあい,「そこで～したところの」, あるいは「～するそのとき」の意
味で関係代名詞として働きます. なお, où は関係副詞ともよばれま
す.

La ville n'est pas loin d'ici.
ラ ヴィル ネ パ ロワン ディスィ
その町はここから遠くはありません.

Il demeure *dans cette ville*. 彼はその町に住んでいます.
イル ドゥムール ダン セット ヴィル

La ville **où** il demeure n'est pas loin d'ici. 🎧
ラ ヴィル ウー イル ドゥムール ネ パ ロワン ディスィ
彼が住んでいる町はここから遠くはありません.

Je n'oublie pas *ce jour-là*. ぼくはその日を忘れない.
ジュ ヌーブリ パ ス ジュールラ

Ce jour-là j'ai vu Jean pour la première fois*.
ス ジュールラ ジェ ヴュ ジャン プール ラ プルミエール フォワ
ぼくはその日はじめてジャンに会った.

* pour la première fois「はじめて」
🎧

Je n'oublie pas *ce jour-là* **où** j'ai vu Jean pour la première
ジュ ヌーブリ パ ス ジュールラ ウー ジェ ヴュ ジャン プール ラ プルミエール
fois. ぼくはジャンにはじめて会った日のことを忘れない.
フォワ

注意 où は前置詞 de または par を先立てて, *d'où*「そこから」, par
où「そこを通って」の意味につかわれることがあります.

Je connais la ville d'Arles *d'où* il vient.
ジュ コネ ラ ヴィル ダルル ドゥ イルヴィエン
彼が〔そこから〕やって来たアルルの町を私は知っています.

B. 〈de＋名詞・不定詞〉を必要とする主な言いまわし

être amoureux de ～ ［エートル・アムルー・ドゥ］～に恋している

être content de ～ ［エートル・コンタン・ドゥ］～に満足している

être fier de ～ ［エートル・フィエール・ドゥ］～を自慢している

être fou de ～ ［エートル・フー・ドゥ］～に夢中である

être heureux de ～ ［エートル・ウールー・ドゥ］～してうれしい

avoir besoin de ～ ［アヴォワール・ブゾワン・ドゥ］～を必要とする

avoir envie de ～ ［アヴォワール・アンヴィ・ドゥ］～が欲しい

jouir de ～ ［ジュイール・ドゥ］～を楽しむ

parler de ～ ［パルレ・ドゥ］～について話す

profiter de ～ ［プロフィテ・ドゥ］～を利用する

◆ voir ［ヴォワール］「見る」の現在形 🎧

je vois ジュ ヴォワ	nous voyons ヌー ヴォワィヨン
tu vois テュ ヴォワ	vous voyez ヴー ヴォワィエ
il voit イル ヴォワ	ils voient イル ヴォワ

◆ pouvoir ［プーヴォワール］「出来る」の現在形 🎧

je peux (puis)* ジュ プー ピュイ	nous pouvons ヌー プーヴォン
tu peux テュ プー	vous pouvez ヴー プーヴェ
il peut イル プー	ils peuvent イル プーヴ

　＊ je puis の形は主として書きことばでつかわれます．また，1人称単数の疑問形は est-ce que je peux ～? または *puis*-je ～? と言います．*peux*-je ～? とは言いません．

練習 **21**

A. つぎの文中の点線部に，dont または où のいずれかを入れて完全な文にしなさい．全文を和訳したあと，声に出して読みなさい．

Les Alpes françaises séparent la France de¹⁾ la Suisse et de l'Italie. Ce sont de très hautes montagnes ＿＿＿＿ ᵃ⁾ le sommet le plus élevé est le Mont-Blanc (4.807 m.).

Certaines cimes sont recouvertes de²⁾ neiges éternelles ; il y a aussi d'énormes glaciers ＿＿＿＿ ᵇ⁾ les fleuves prennent leur source. La vue est splendide sur le Mont-Blanc et la chaîne des Alpes.

   ¹⁾ séparer *A* de *B*「*A* と *B* をへだてる」．   ²⁾ être recouvert de 〜「〜でおおわれている」．

B. 関係代名詞 dont または où をつかって，つぎの2つの文を1つの文にまとめなさい．完成された文を読みなさい．

1. { Voici Bernard.
   { L'autre jour, je vous* ai parlé de Bernard. *「あなたに」

2. { La jeune fille aime l'automne.
   { Tout est mélancolique en automne.

3. { Le dimanche est un jour de la semaine.
   { Je suis libre le dimanche.

4. { Au bord du lac, il y a un hôtel.
   { Le toit de cet hôtel est rouge.

C. つぎの文を仏訳して，文字で書き，全文を読みなさい．

1. 私はこの絵を描いた（「絵を描く」faire un tableau）画家（peintre 圐）を知っています．

2. 昨日あなたが買った（acheter）フランスの雑誌（revue 因）はどこにありますか？

22 Je téléphonerai à Cécile. 🎧44

A. 単純未来形

□1 単純未来形の語尾

どの動詞も例外なくつぎの語尾変化をします.

je	**rai** [レ]	nous	**rons** [ロン]
tu	**ras** [ラ]	vous	**rez** [レ]
il	**ra** [ラ]	ils	**ront** [ロン]

注意 語尾の頭が -r ではじまるのが単純未来形の特徴.

◆ téléphoner「電話をかける」の単純未来形 🎧

je téléphone*rai* ジュ テレフォヌレ	nous téléphone*rons* ヌー テレフォヌロン
tu téléphone*ras* テュ テレフォヌラ	vous téléphone*rez* ヴー テレフォヌレ
il téléphone*ra* イル テレフォヌラ	ils téléphone*ront* イル テレフォヌロン

□2 単純未来形の用法

a. 未来に実現されるはずのことをあらわします.

L'année prochaine, elle *aura* vingt ans.　　　🎧
ラネ　　プロシェーヌ　　エロラ　　ヴァンタン

　　　　　　　　来年, 彼女は 20 歳になります.

b. 2人称は，とくに会話で，語気の緩和された命令・願望・勧告などをあらわします.

Vous *prendrez* le premier chemin à droite.
ヴー　プランドレ　ル　プルミエ　シュマン　ア　ドロワット　　　　　🎧

最初の道を右へいらっしゃい.

注意　推測や語気をやわらげてあらわすばあい，現在の状態であっても単純未来形がつかわれます.

On sonne; ce *sera* le facteur.
オン　ソンヌ　ス　スラ　ル　ファクトゥール

ベルが鳴っている，郵便屋さんでしょう.

さきに学んだ〈aller＋不定詞〉によっても未来のことをあらわすことができます. ただし，その構文は〈近い未来〉(☞ *p.* 87) をあらわすと言われるように，話される時点ですでに動きがはじまっているものとしてとらえられます.

On sonne; je *vais ouvrir*.　(近い未来)
オン　ソンヌ　ジュ　ヴェ　ウーヴリール

ベルが鳴っています. 私が〔ドアを〕あけに行きます.

Ce soir, je *téléphonerai* à Cécile.　(単純未来)
ス　ソワール　ジュ　テレフォヌレ　ア　セスィール

今夜，セシールに電話しましょう.

Si ～「もし～ならば」のあとでは単純未来形はつかいません. 直説法現在形が用いられます.

S'il *fait* beau, j'irai à pied.
スィル　フェ　ボー　ジィレ　ア　ピエ

天気がよければ私は歩いて行きます.

*　単純未来形とよばれるのは，助動詞とともに構成される後述の〈前未来形〉とちがって，活用形が語尾変化だけで，助動詞を含まない単純な形であるということです.

③ 不定詞の語尾別による単純未来形

1. -er 動詞： 直説法現在形の1人称単数形を語幹として，そのあとに単純未来形の語尾をつける.

不定詞		現在形	単純未来形	
aimer	愛する	→ j'aime	→ j'aime*rai*	[ジェームレ]
lever	起こす	→ je lève	→ je lève*rai*	[ジュレーヴレ]
aller	行く	(例外 je vais)	j'ir*ai*	[ジィレ]
envoyer	送る	(例外 j'envoie)	j'enver*rai*	[ジャンヴェレ]

2. -ir 動詞： 不定詞の語尾 -ir から -r をはぶいたものを語幹として，そのあとに単純未来形の語尾をつける.

fini*r*	終わる	→	je fini*rai*	[ジュフィニレ]
parti*r*	出発する	→	je parti*rai*	[ジュパルティレ]
ouvri*r*	開く	→	j'ouvri*rai*	[ジューヴリレ]
veni*r*	来る	(例外)	je viend*rai*	[ジュヴィエンドレ]

3. -re 動詞： 不定詞の語尾 -re をはぶいたものを語幹として，そのあとに単純未来形の語尾をつける.

attend*re*	待つ	→	j'attend*rai*	[ジャタンドレ]
di*re*	言う	→	je di*rai*	[ジュディレ]
prend*re*	取る	→	je prend*rai*	[ジュプランドレ]
fai*re*	する	(例外)	je fe*rai*	[ジュフレ]

4. -oir 動詞： 不規則な語幹をもつため各動詞についておぼえる.

pouvoir	出来る	→	je pour*rai*	[ジュプーレ]
savoir	知る	→	je sau*rai*	[ジュソーレ]
voir	見る	→	je ver*rai*	[ジュヴェレ]

être → je **serai** [ジュスレ]   avoir → j'**aurai** [ジョーレ]

B. 前未来形

1 前未来形の構成

> 前未来形 = 助動詞 (avoir または être) の単純未来形＋過去分詞

◆ finir「終わる」の前未来形 　🎧

j'aurai fini ジョーレ　フィニ	nous aurons fini ヌーゾーロン　フィニ
tu auras fini テュ　オーラ　フィニ	vous aurez fini ヴーゾーレ　フィニ
il aura fini イローラ　フィニ	ils auront fini イルゾーロン　フィニ

◆ arriver「着く」の前未来形 　🎧

je serai arrivé[e] ジュ　スレ　アリヴェ	nous serons arrivé[e]s ヌー　スロンザリヴェ
tu seras arrivé[e] テュ　スラ　アリヴェ	vous serez arrivé[e][s] ヴー　スレザリヴェ
il sera arrivé イル　スラ　アリヴェ	ils seront arrivés イル　スロンタリヴェ
elle sera arrivée エル　スラ　アリヴェ	elles seront arrivées エル　スロンタリヴェ

2 前未来形の用法

前未来形は未来のある時期に完了している行為をあらわします. その未来の時期は, 主節の単純未来形または状況補語で示されます.

Paul viendra quand il *aura déjeuné*. 　🎧
ポール　ヴィエンドラ　　カンティロラ　　デジュネ

　　　　　　　　ポールは昼食をすませたら, やって来るでしょう.

J'*aurai fini* mon travail avant midi.
ジョーレ　フィニ　モン　トラヴァイユ　アヴァン　ミディ

　　　　　　　　私は正午までには仕事を終えているでしょう.

144

Vœux d'un poète
ヴー　ダン　ポエート

Alfred de Musset[1]

Mes chers amis, quand je mourrai,
メ　シェールザミ　カン　ジュ　ムールレ

Plantez un saule au cimetière.
プランテ　アン　ソール　オー　スィムティエール

J'aime son feuillage éploré,
ジェーム　ソン　フーイヤージュ　エプロレ

La pâleur m'en[2] est douce et chère,
ラ　パルール　マンネ　ドゥース　エ　シェール

Et son ombre sera légère
エ　ソンノーンブル　スラ　レジェール

A la terre où je dormirai.
ア　ラ　テール　ウー　ジュ　ドルミレ

詩人の願い
私の親しい友人たちよ, 私が死んだら
一本の柳の木を植えてくれ, 私の墓に
私はその泣き濡れたような葉が好きだ
その葉の蒼白さは私にはやさしく, なつかしく
その影は軽やかに落ちるだろう
私が眠るであろう大地に.

[1] (1810-57) フランス・ロマン派の詩人.

[2] m'en は未習の文法事項ですが, m'= me で「私に」, en は代名詞で「その(葉の)」の意味です.

練習　22

つぎの文を仏訳しなさい. (動詞は単純未来形または前未来形をつかうこと)

1.　彼らの結婚式 (mariage 男) は来月おこなわれる (avoir lieu) でしょう.

2.　この手紙を郵便局 (poste 女) へもって行って (「もって行く」 porter) ください.

3.　あなたが着く (votre arrivée) 前に, 私たちはフランスへ出発する (partir pour ～) でしょう.

23 Elle m'aime.

人称代名詞については，動詞の主語としてつかわれる〈主語人称代名詞〉(je, tu, il, elle, nous, vous, ils, elles) をすでに学びました．
ここでは，〈直接目的・間接目的となる人称代名詞〉と〈強勢形人称代名詞〉について学びます．

A. 直接目的人称代名詞

人　　称	単　数　形	複　数　形
1 人称	**me** (**m'**)　私を ム	**nous**　私たちを ヌー
2 人称	**te** (**t'**)　きみを トゥ	**vous**　{ あなたを / あなた方を / きみたちを } ヴー
3 人称 { 男性形 / 女性形 }	**le** (**l'**)　{ 彼を / それを } ル **la** (**l'**)　{ 彼女を / それを } ラ	**les**　{ 彼らを / 彼女たちを / それらを } レ

注意 3 人称の le, la, les は定冠詞と同じ形です．le, la, les が名詞の前につけば定冠詞，動詞の前におかれると人称代名詞です．

直接目的となる**名詞**は動詞のあとにおかれます．

{ J'aime *Jean*.　　　私は・愛しています・ジャンを
{ J'aime *Jeanne*.　　ぼくは・愛している・ジャンヌを

しかし，直接目的となる**人称代名詞**はつぎの語順をとります．

直接目的人称代名詞は動詞の前におかれます．ただし，肯定命令法のばあいを除きます．

J'aime *Jean*. → Je *l*'aime.　(l'=le「彼を」)
ジュ　レーム

私は・彼を・愛しています．

J'aime *Jeanne*. → Je *l*'aime.　(l'=la「彼女を」)
ジュ　レーム

ぼくは・彼女を・愛している．

Il (Elle) *m*'aime.　彼（彼女）は私を愛しています．
イル　エル　メーム

Je *vous* aime.　私はあなたを愛しています．
ジュ　ヴーゼーム

Je *t*'aime.　ぼくはきみが好きだ．
ジュ　テーム

Tu aimes le sport? — Oui, je *l*'aime beaucoup.
テュ　エーム　ル　スポール　ウィ　ジュ　レーム　ボークー

きみはスポーツは好き？― うん，大好き．

Vous connaissez ce monsieur (cette dame, ces demoiselles)?
ヴー　コネセ　ス　ムスィゥ　セット　ダム　セ　ドゥモワゼル

あの方（あのご婦人，あのお嬢さん方）をご存知ですか？

— Oui, je *le* (*la, les*) connais.
ウィ　ジュ　ル　ラ　レ　コネ

― はい，彼を（彼女を，彼女たちを）知っています．

否定は：〈主語＋**ne**＋目的人称代名詞＋動詞＋**pas**...〉

Tout le monde connaît le jeu de la marguerite. « Elle
トゥ　ル　モンド　コネ　ル　ジュー　ドゥ　ラ　マルグリット　エル

m'aime, un peu, beaucoup, elle *ne m*'aime *pas* du tout... ».
メーム　アン　プー　ボークー　エル　ヌ　メーム　パ　デュ　トゥ

誰でもひな菊占いの遊びを知っています．« 彼女はぼくを愛している，
すこし，たくさん，彼女はぼくを全然愛していない... ».

147

B. 間接目的人称代名詞

人　称	単　数　形	複　数　形
1 人称	**me** (**m'**)　私に ム	**nous**　私たちに ヌー
2 人称	**te**　(**t'**)　きみに トゥ	**vous** ヴー { あなたに あなた方に きみたちに
3 人称 { 男性形 女性形	**lui** リュイ { 彼に 彼女に	**leur** ルール { 彼らに 彼女たちに

注意　3 人称の単数・複数以外は直接目的人称代名詞と同じ形です.
直接目的では, 3 人称は「人」も「物」もあらわしますが, 間接目的のばあい, 3 人称は「人」だけをあらわします.

間接目的人称代名詞は, 直接目的のばあいと同じように, 肯定命令法を除いて, 動詞の前におかれます.

Elle *m'*écrit toutes les semaines.　(écrit ← écrire)
エル　メクリ　トゥトゥ　レ　スメーヌ

　　　　　　　　　　彼女は私に毎週手紙をよこします.

Le professeur *leur* explique le problème.
ル　プロフェスール　ルール　エクスプリク　ル　プロブレーム

　　　　　　　　先生は彼らに(彼女たちに)問題を説明します.

Ne *lui* dites pas la vérité.　(dites ← dire の命令法)
ヌ　リュイ　ディット　パ　ラ　ヴェリテ

　　　　　　　　彼に(彼女に)本当のことを言ってはいけません.

C.　肯定命令法のばあい

直接目的・間接目的人称代名詞はどちらも, 動詞が肯定命令法におかれているばあいに限って, 命令法動詞の直後にトレ・デュニオン(-)をつけて添えられます.

なお，このばあい me は moi［モワ］の形になることに注意.

Regardez-*moi*. 私を見てごらんなさい.
ルガルデ　モワ

Passez-*moi* le sucre, s'il vous plaît.
パセ　モワ　ル　スュクル　スィル　ヴー　プレ

　　　　　　　　すみませんが，お砂糖をとってください.

D. 複合過去形のばあい

直接・間接目的人称代名詞は助動詞の前におかれます.

Il *leur* a prêté de l'argent.
イル ルール ア プレテ ドゥ ラルジャン

　　　　　　彼は彼らに（彼女たちに）お金を貸してやりました.

Je ne *lui* ai pas téléphoné.
ジュ ヌ リュイ エ　パ　　テレフォネ

　　　　　　私は彼に（彼女に）電話をかけませんでした.

E. 直接目的・間接目的人称代名詞の併用

　直接目的・間接目的人称代名詞が，1 つの文中で同時につかわれることは実際にはそれほど多くありませんが，つかわれるときにはその一方にかならず直接目的となる le, la, les がおかれます.

　つまり，つぎの表で，下記の語順以外の組合せはゆるされません.

　A（間接目的）＋ B（直接目的）
　B（直接目的）＋ C（間接目的）
　肯定命令法のばあい：D（直接目的）＋ E（間接目的）

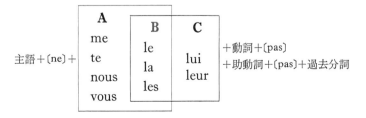

	A	**B**	**C**	
主語＋〔ne〕＋	me te nous vous	le la les	lui leur	＋動詞＋〔pas〕 ＋助動詞＋〔pas〕＋過去分詞

149

肯定命令法

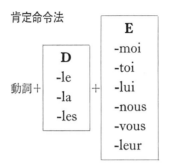

動詞＋ | **D**
 -le
 -la
 -les | ＋ | **E**
 -moi
 -toi
 -lui
 -nous
 -vous
 -leur |

Il *m*'a prêté son appareil. → Il *me l*'a prêté.
イル マ　プレテ　ソンナパレーイュ　　　イル ム　ラ　プレテ

　彼は私にカメラを貸してくれた.　　彼は私にそれを貸してくれた.

注意　直接目的が1・2人称のばあいは，間接目的は〈前置詞 à＋強
　　勢形〉(☞ *p. 151*) の形で動詞の後におくことができます.

　　Je vous présente *à lui*.　私はあなたを彼に紹介します.
　　ジュ ヴー　プレザントゥ ア リュイ

練習　23

A.　つぎの問いに Oui と Non で答えなさい.（下線部の語は人称
代名詞にかえること）

1.　Vous connaît-elle?

2.　Tu m'aimes?

3.　Il a téléphoné <u>à son professeur</u>?

4.　Avez-vous vu <u>Jean</u>?

B.　（　）内の語を人称代名詞にかえ，文中の適当な位置に入れなさい.

1.　Je n'aime pas dire « au revoir ».　（きみに）

2.　Michel connaît depuis un an.　（彼女を）

3.　Il écrit de temps en temps.　（彼女たちに）

24 Je pense à elle, elle pense à moi. 🎧46

A. 強勢形人称代名詞

人　称	単　数　形	複　数　形
1 人称	**moi**　私 モワ	**nous**　私たち ヌー
2 人称	**toi**　きみ トワ	**vous**　{ あなた あなた方 きみたち } ヴー
3 人称 { 男性形 女性形	**lui**　彼 リュイ **elle**　彼女 エル	**eux**　彼ら ウー **elles**　彼女たち エル

強勢形人称代名詞は，主としてつぎのばあいにつかわれます.

① 前置詞のあとで:

Venez chez *moi* avec *lui*.　彼といっしょに私の家へ来なさい. 🎧
ヴネ　シェ　モワ アヴェック リュイ

Je pense à *elle*, elle pense à *moi*.　(penser à 〜)
ジュ パンサ エル エル　パンサ　モワ

　　　ぼくは彼女のことを思い，彼女はぼくのことを思っている.

② 主語人称代名詞または目的人称代名詞を強調するため:

Moi, je sors.　出かけますよ，私は. 🎧
モワ ジュ ソール

③ c'est, ce sont のあとで属詞として:

C'est *moi* (*toi*, *lui*, *elle*, *nous*, *vous*). 🎧
セ　モワ　トワ リュイ テル ヌー ヴー

　それは私(きみ，彼，彼女，私たち，あなた(あなた方・きみたち))です.

    * 「それは彼らです，彼女たちです」というばあいに限って，Ce *sont* eux, Ce *sont* elles というのが正しいとされていますが，実際には C'*est* eux, C'*est* elles もよくつかわれます.

4　比較の対象を示す que のあとで:

Elle est plus jeune que *vous*.　彼女はあなたより若い.　🎧
エレ　　プリュ ジュヌ　ク　　ヴー

5　名詞や他の強勢形人称代名詞とならべておかれるとき:

Toi et *moi*, nous sommes amis d'enfance.　🎧
トワ　エ　モワ　ヌー　　ソムザミ　　ダンファンス

　　　　　　　　　　　　　　　　きみとぼくとは幼な友達だ.

B.　人称代名詞のまとめ

　1.　主語人称代名詞と直接目的・間接目的人称代名詞は，つねに動詞と密接にむすびついていて，動詞から離れてつかわれることはありません.

　2.　強勢形人称代名詞は動詞から離れて自由な位置におかれます.

人　　称	主　語	直接目的	間接目的	強勢形
1 人称単数形	je	me (m')	me (m')	moi
2 人称単数形	tu	te (t')	te (t')	toi
3 人称単数形	il / elle	le (l') / la (l')	lui	lui / elle
1 人称複数形	nous	nous	nous	nous
2 人称複数形	vous	vous	vous	vous
3 人称複数形	ils / elles	les	leur	eux / elles

C. 強調構文 c'est ～ qui (que)...

文中の主語，直接・間接目的語，副詞を強調するための構文です．

c'est ～ qui... は主語の強調

c'est ～ que ... は直接・間接目的語，その他の要素の強調

につかわれます．どちらのばあいも～にあたる部分が強調されます．

つぎの文について主語とそれ以外の要素を強調してみましょう．

主語	直接目的	間接目的	副詞(状況補語)
J'ai envoyé	ma photo	à Barbara	avant-hier.
ジェ アンヴォワィエ	マ フォト	ア バルバラ	アヴァンティエール
私は送りました・	私の写真を・	バルバラに・	一昨日

1 主語の強調：

C'est moi *qui* ai envoyé ma photo à Barbara avant-hier.

私の写真をバルバラに一昨日送ったのは私です．

2 直接目的の強調：

C'est ma photo *que* j'ai envoyée à Barbara avant-hier.

私がバルバラに一昨日送ったのは私の写真です．

3 間接目的の強調：

C'est à Barbara *que* j'ai envoyé ma photo avant-hier.

私が私の写真を一昨日送ったのはバルバラにです．

4 副詞(状況補語)の強調：

C'est avant-hier *que* j'ai envoyé ma photo à Barbara.

私が私の写真をバルバラに送ったのは一昨日です．

注意　この強調構文をつかうと，qui または que のあとにくる動詞
の〈時〉に関係なく，c'est と現在形におくのがふつうです．

注意 〈c'est ～ qui...〉の構文では，qui のあとにくる動詞は強調
された主語の人称と数に一致することに注意しましょう.

    C'est moi qui *dois* vous remercier.
    セ　モワ　キ　ドワ　ヴー　ルメルスィエ

          (remercier *qn*「ある人に礼を言う」. *qn* は直接目的)

          お礼を言わなければならないのは私のほうです.

◆　devoir「～ねばならない」の現在形

je dois ジュ ドワ	nous devons ヌー ドゥヴォン
tu dois テュ ドワ	vous devez ヴー ドゥヴェ
il doit イル ドワ	ils doivent イル ドワーヴ

～Ma Normandie～

Quand tout[1] renaît[2] à l'espérance,
カン　トゥ　ルネタ　レスペランス

Et que[3] l'hiver fuit[4] loin de[5] nous,
エ　ク　リヴェール フュイ ロワン ドゥ ヌー

Sous le beau ciel de notre France,
スー　ル　ボー スィエル ドゥ ノートル フランス

Quand le soleil revient[6] plus doux,
カン　ル ソレーイュ ルヴィエン ブリュ ドゥー

Quand la nature est reverdie,
カン　ラ　ナテューレ　ルヴェルディ

Quand l'hirondelle est de retour,[7]
カン　リロンデル　エ ドゥ ルトゥール

J'aime à[8] revoir ma Normandie,
ジェーマ　ルヴォワール マ　ノルマンディー

C'est le pays qui m'a donné le jour.[9]
セ　ル　ペイ　キ　マ　ドネ ル ジュール

わたしのノルマンディー
すべてが希望によみがえるとき / そして冬がわたしたちから遠くへ逃げて
ゆくとき / わたしたちのフランスの美しい空のもとに / 太陽がより暖かく
なって立ちもどるとき / 自然が再び緑に色づくとき / つばめがもどってく
るとき / わたしのノルマンディーをまた見たい / それはわたしを生んでく
れたふるさとなのだ.

この歌はフランス人が古くから愛唱する chanson populaire で
す. 作者は詩人で作曲家の Frédéric BÉRAT (1801–55). Normandie
はフランス北部の肥沃な穀倉地帯.
1) tout:「すべてのもの」(不定代名詞). 2) renaît:renaître「よ
みがえる」の直説法現在形. 3) Et que:＝Et quand. quand な
どの接続詞は反復をさけて que で代用されます. 4) fuit:fuir
「逃げる」の直説法現在形. 5) loin de ～:「～から遠くに」. nous
は強勢形. 6) revient:revenir「もどる」の直説法現在形. 7) est
de retour:être de retour「もどって来る」. 8) J'aime à:aimer
〔à〕＋不定詞は「～するのが好きだ」. 9) m'a donné le jour:don-
ner le jour à ～「～を生む」. m'＝me「私に」.

練習 24

A. ( ) 内の語を強勢形人称代名詞にかえ, 全文を読みなさい.

1. Je pense à (彼女) ＿＿＿＿, elle pense à (私) ＿＿＿＿.

2. (きみ) ＿＿＿＿ et (ぼく) ＿＿＿＿, nous sommes amis.

3. Ce n'est pas à (彼女) ＿＿＿＿, c'est à (彼) ＿＿＿＿.

B. c'est ～ qui... または c'est ～ que... をつかって, 下線部の語
を強調する文に言いかえなさい.

1. Elle m'a téléphoné ce matin.

2. J'ai rencontré Solange hier.

3. Ils habitent dans la banlieue de Tokyo.

47

25 Qui cherchez-vous?

疑　問　代　名　詞

	主　　　語	直接目的語・属詞	間接目的語
人 「誰」	**qui** キ **qui est-ce qui** キ　　エス　　　キ	**qui** キ **qui est-ce que** キ　　エス　　　ク	前置詞＋**qui** キ
物 「何」	**qu'est-ce qui** ケス　　　キ	**que** ク **qu'est-ce que** ケス　　　ク	前置詞＋**quoi** コワ

注意　qui, que の形は単純形. qui est-ce qui など est-ce を含ん
だ形は複合形とよばれます.

A.　「誰」の意味につかわれる疑問代名詞

　① qui または qui est-ce qui は,「誰が」の意味で主語として
つかわれます. どちらも文頭におかれ, あとに続く動詞は 3 人称単数
形をとります.

　なお, どちらの形をつかっても意味に変わりはありませんが, 複合
形 qui est-ce qui のほうが単純形 qui よりも「誰」の意味が強調
されると言えます.

$$\left.\begin{array}{l} \textit{Qui} \\ \textit{Qui est-ce qui} \end{array}\right\} \text{est venu pendant mon absence ?}$$
　キ　　エス　　キ　　　エ　ヴニュ　パンダン　　モンナプサンス

私の留守中に誰が来ましたか?

156

[2] qui または qui est-ce que は, どちらも「誰を」の意味で直接目的として, また,「誰」の意味で属詞としてつかわれます.

どちらの形をつかっても意味に変わりはありません. ただし, 単純形 qui をつかうと 〈qui＋動詞＋主語?〉 の語順になるのに対して, 複合形をつかうと主語と動詞の倒置がおこなわれないことに注意しましょう. 会話では複合形の形 qui est-ce que がよくつかわれます.

Qui cherchez-vous ? = *Qui est-ce que* vous cherchez ? 🎧
　キ　シェルシェ　　ヴー　　　キ　エス　ク　ヴー　　シェルシェ

　　　誰をさがしているのですか?(Qui は主語ではなく, 直接目的)

Qui est ce monsieur ?　あの男の人は誰ですか?(属詞)
　キ　エス　ムスィウ

On sonne, *qui est-ce* ?　ベルが鳴っている, 誰かな?(属詞)
オン　ソンヌ　　キ　エス

[3] 〈前置詞＋qui〉は「誰に, 誰について, 誰といっしょに」などをあらわします.

De qui parlez-vous ?　誰のことを話しているのですか?　🎧
ドゥ　キ　パルレ　ヴー

Avec qui est-elle venue ?　彼女は誰といっしょに来ましたか?
アヴェック　キ　エテル　ヴニュ

B. 「何」の意味につかわれる疑問代名詞

[1] qu'est-ce qui は「物」について「**何が**」の意味をあらわします. 主語としてつかわれる「何が」には単純形はありません.

Qu'est-ce qui est arrivé ?　何が起きたのですか?　🎧
　ケス　　キ　エタリヴェ

Qu'est-ce qui vous fait rire ?　(faire rire「笑わせる」)
　ケス　　キ　ヴー　フェ　リール

　　　　　　　　　　　　　何がおかしいのですか?

157

[2] que または qu'est-ce que はどちらも「**何を**」の意味で直接目的としてつかわれます.「誰」のばあいの qui と同じように,単純形 que は〈que＋動詞＋主語?〉の語順をとりますが,複合形 qu'est-ce que をつかうと主語と動詞の倒置はおこなわれません. 会話では複合形がよくつかわれます.

Qu'est-ce que tu fais comme sport ?　　　　　　🎧
　ケス　　ク テュ フェ　　コム　　スポール

(comme＋無冠詞の名詞のとき comme は「～として」)

きみはスポーツは何をやってるの?

[3] que または qu'est-ce que は属詞としてもつかわれ,「**何**」の意味をあらわします.

Que devient-il ? ＝ *Qu'est-ce qu*'il devient ?　　　🎧
　ク　ドゥヴィエンティル　　　ケス　　　キル ドゥヴィエン

彼はどうなるのだろうか?

また,「これは何ですか?」は Qu'est-ce? または Qu'est-ce que c'est? の形であらわされますが,会話では Qu'est-ce? の形はほとんどつかわれず,もっぱら〈Qu'est-ce que c'est?〉がつかわれます.

注意　que は母音字の前では qu' になりますが,qui は母音字の前でも qui のままで変わりません.

[4]　主語,直接目的,属詞以外の疑問には que でなく,〈前置詞＋quoi〉の形がつかわれる点に気をつけましょう.

A quoi pensez-vous ?　(penser à ～)　何を考えているのですか?　🎧
　ア　コワ　パンセ　ヴー

De quoi parlez-vous ?　(parler de ～)　何を話しているのですか?
　ドゥ コワ　パルレ　ヴー

C. 「どちら」の意味につかわれる疑問代名詞

男性単数形	女性単数形	男性複数形	女性複数形
lequel ルケル	**laquelle** ラケル	**lesquels** レケル	**lesquelles** レケル

　2つ・2人，もしくはそれ以上の「物」または「人」について「どちら」をあらわすには lequel, laquelle, … の形をつかいます.

　この疑問代名詞は，つねに文中の名詞に代わってその性と数に一致した形をとります．この性と数に応じて異なる形をとることが今まで学んだ qui, que などとちがう点です．また，この疑問代名詞は主語，直接目的語のほか，前置詞＋lequel… の形でもつかわれますが，前置詞が à または de のばあいにはつぎの形になります.

前置詞	男性単数形	女性単数形	男性複数形	女性複数形
à +	**auquel** オーケル	**à laquelle** ア　ラケル	**auxquels** オーケル	**auxquelles** オーケル
de +	**duquel** デュケル	**de laquelle** ドゥ　ラケル	**desquels** デケル	**desquelles** デケル

主語： *Lequel* de ces livres est le plus intéressant ?
　　　　ルケル　ドゥ　セ　リーヴル　エ　ル　プリュザンテレサン

　　　　　　これらの本のなかで，どれがいちばん面白いですか？

直接目的語： Voici deux cravates : *laquelle* préférez-vous ?
　　　　　　ヴォワスィ ドゥ　クラヴァト　　　ラケル　　プレフェレ　ヴー

　　　　　　　ここにネクタイが2本あります．どちらがお好きですか？

間接目的語： *Auquel* de vos amis avez-vous téléphoné ?
　　　　　　オーケル　ドゥ　ヴォザミ　　アヴェヴー　　テレフォネ

　　　　　　　あなたはお友だちの誰に電話をかけたのですか？

練習 25

A. 下線の語を不明なものとして，問いの文をつくり，全文を読みなさい.

1. C'est une revue française.

2. Il pense à son amie.

3. Nous parlons de cet événement.

4. J'ai rencontré M. Dulac.

B. つぎの文をフランス語で言いなさい.

1. 何をお飲みになります (prendre) か？― 私はビール (bière 囡)を飲みます.

2. きみたちは誰を待っている (attendre) の？― ぼくたちはぼくたちの先生 (professeur 圐)を待っています.

3. あなたは誰をさがしていますか？―妹をさがしています.

DEVINETTES

1. Qu'est-ce qui n'a pas de bouche et dit cependant la vérité ?

2. Je suis le chef de 26 soldats. Sans moi, Paris est pris.* Qui suis-je ?

      * est pris「占領される」. pris ← prendre.

3. Quel est l'animal le plus long et le plus mince, le plus mou et le plus souple, le plus utile et le plus mal connu ? Il n'a pas de dents, mais il a une bouche. Il n'a pas de pattes, mais il marche vite. Il n'a pas d'yeux, il n'entend pas ; il n'a pas de poumons, mais il respire avec sa peau....

(解答 *p. 250*)

26 Il ne se lève pas avant 8 heures.

48

A. 代名動詞とは…

たとえば,「彼は毎朝公園で犬を散歩させます」という文は,フランス語ではつぎのようにあらわされます.

Il promène son chien dans le parc tous les matins.
イル プロメーヌ ソン シャン ダン ル パルク トゥ レ マタン

この文で,promène は「散歩させる,連れ歩く」の意味の他動詞 promener の現在形です.

それでは,彼自身が散歩することをあらわしたいばあいはどうでしょう.「彼は毎朝公園を散歩します」という文は:

Il se promène dans le parc tous les matins. といいます.
イル ス プロメーヌ

前の文とちがうのは,《Il promène son chien…》が《Il se promène…》に変わった点です.

フランス語では,「散歩する」の意味の動詞は,他動詞「散歩させる」promener の前に「自分を」の意味をもつ人称代名詞 se をつけて,se promener [スプロムネ](自分を・散歩させる)の構成であらわします.また,se lever [スルヴェ]「起きる」(se「自分を」+lever「起こす」),se coucher [スクーシェ]「寝る」(se「自分を」+coucher「寝かせる」)なども同じです.

ところで,この se は不定詞と3人称単数・複数のばあいに用いられる形で,つぎにかかげた活用例でおわかりのように,je me…「私は・私を…」,tu te…「きみは・きみを…」,il se…「彼は・彼を…」と人称によって形が変わります.そして,この me, te, … はすでに学んだ〈直接・間接目的人称代名詞〉(☞ *p. 146*)と同じ形です.

このように,主語と同じ性・数で,主語と同一の人・ものをあらわす直接(または間接)目的人称代名詞を伴った動詞を〈代名動詞〉といいます.

B. 代名動詞の活用形

◆ se promener「散歩する」の現在形 🎧

je me promène ジュ ム プロメーヌ	**nous nous promenons** ヌー ヌー プロムノン
tu te promènes テュ トゥ プロメーヌ	**vous vous promenez** ヴー ヴー プロムネ
il se promène イル ス プロメーヌ	**ils se promènent** イル ス プロメーヌ

◆ s'appeler [サプレ]「～とよばれる」の現在形 🎧

je m'appelle ジュ マペル	**nous nous appelons** ヌー ヌーザプロン
tu t'appelles テュ タペル	**vous vous appelez** ヴー ヴーザプレ
il s'appelle イル サペル	**ils s'appellent** イル サペル

* se promener, s'appeler の活用については，〈-er 動詞の変則活用〉(☞ *p. 173*).

発音 母音字ではじまる代名動詞のばあい，nous と vous ではリエゾンが，je, tu, il[s] では母音字の省略がおこなわれます.

注意 代名動詞のばあい，主語人称代名詞とともに用いられる人称代名詞：me, te, se, nous, vous は再帰代名詞とよばれます.

　　代名動詞の不定詞は〈se＋不定詞〉であらわされますが，文中での se は文意に応じて me, te, ... と変わります.

Je vais *me promener*. 　　　私は散歩に出かけます.
ジュ ヴェ ム プロムネ

Nous allons *nous promener*. 　私たちは散歩に出かけます.
ヌーザロン ヌー プロムネ

C. 代名動詞の否定形

語順：〈主語＋**ne**＋再帰代名詞＋動詞＋**pas**〉

Il *ne se lève pas* avant 8 heures.　彼は8時前には起きない. 🎧
イル ヌ ス レーヴ パ アヴァン ユイットゥール

◆　se lever の現在・否定形　🎧

je *ne* me lève *pas*	nous *ne* nous levons *pas*
ジュ ヌ ム レーヴ パ	ヌー ヌ ヌー ルヴォン パ
tu *ne* te lèves *pas*	vous *ne* vous levez *pas*
テュ ヌ トゥ レーヴ パ	ヴー ヌ ヴー ルヴェ パ
il *ne* se lève *pas*	ils *ne* se lèvent *pas*
イル ヌ ス レーヴ パ	イル ヌ ス レーヴ パ

D. 代名動詞の(倒置による)疑問形

語順：〈再帰代名詞＋動詞-主語人称代名詞?〉

A quelle heure *vous levez-vous*?　何時に起きますか？ 🎧
ア ケルール ヴー ルヴェ ヴー

◆　se lever の現在・倒置疑問形　🎧

est-ce que je me lève?	nous levons-nous?
エスク ジュ ム レーヴ	ヌー ルヴォン ヌー
te lèves-tu?	vous levez-vous?
トゥ レーヴ テュ	ヴー ルヴェ ヴー
se lève-t-il?	se lèvent-ils?
ス レーヴティル	ス レーヴティル

E. 代名動詞の命令法

◆ se lever の肯定命令形 🎧 　　否定命令形

lève-toi レーヴ トワ	起きなさい
levons-nous ルヴォン ヌー	起きよう
levez-vous ルヴェ ヴー	起きなさい

ne ヌ	te トゥ	lève レーヴ	*pas* パ
ne ヌ	nous ヌー	levons ルヴォン	*pas* パ
ne ヌ	vous ヴー	levez ルヴェ	*pas* パ

注意 肯定命令形では lève-*te* ではなく, te が toi の形になること
に注意しましょう.

否定命令形では, 再帰代名詞は動詞の前におかれます.

F. 代名動詞の複合過去形

◆ se coucher「寝る」の複合過去形　　　　　　　　　　🎧

je ジュ	me suis ム スュイ	couché[e] クーシェ	nous ヌー	nous ヌー	sommes ソム	couché[e]s クーシェ
tu テュ	t'es テ	couché[e] クーシェ	vous ヴー	vous ヴー	êtes ヴーゼット	couché[e][s] クーシェ
il イル	s'est セ	couché クーシェ	ils イル	se ス	sont ソン	couchés クーシェ
elle エル	s'est セ	couchée クーシェ	elles エル	se ス	sont ソン	couchées クーシェ

注意 代名動詞はすべて, 複合過去のばあい, 助動詞として être を
とります. 代名動詞の過去分詞は, 再帰代名詞 (me, te, se, nous,
vous) が直接目的のときだけ, 主語の性・数に一致します. 間接
目的のばあいは過去分詞は変わりません. (se coucher の se は
「自分を」で直接目的です)

1. J'ai fait la grasse matinée ce matin ; mais je *me lève*
   ジェ フェ ラ グラース マティネ ス マタン メ ジュ ム レーヴ
   d'ordinaire de bonne heure.   (de bonne heure「早く」)   🎧
   ドルディネール ドゥ ボンヌール

   > 私は今朝は朝ねぼうをしましたが，ふだんは朝早く起きます．

2. Est-ce que nous *nous promenons* après le petit déjeuner ?
   エスク ヌー ヌー プロムノン アプレ ル プティ デジュネ
   — C'est une bonne idée. *Dépêchons-nous!*
   セテュヌ ボンニデ デペション ヌー

   > (dépêchons-nous は se dépêcher「急ぐ」の命令法)
   > 朝食のあとで散歩をしましょうか？―それは名案だ．急ぎましょう！

3. Hélène va *se coucher* tous les soirs vers minuit.
   エレーヌ ヴァ ス クーシェ トゥ レ ソワール ヴェール ミニュイ

   > エレーヌは毎晩12時ごろに寝にゆきます．

練習　26

A. つぎの文を複合過去形におきかえて，全文を読みなさい．

1. Elles se couchent très tard.

2. Nous nous levons de bonne heure.

3. Elle promène son chien.

4. Jean et Marie se promènent dans le parc.

B. つぎの代名動詞の肯定命令形と否定命令形を示しなさい． tu, nous, vous に対する形を，まず肯定で，ついで否定で言いなさい．

1. se dépêcher　　3. se coucher

2. se promener　　4. se réveiller

27 Roméo et Juliette s'aiment.

49

A. 代名動詞の再帰的用法

① se が直接目的のとき:「自分を…する」

前課で代名動詞を説明するにあたって, se promener「散歩する」を例にあげました. そして, se promener は (自分を・散歩させる) から「散歩する」の意味をもつことを学びました.

この se promener, あるいは se lever「起きる」, se coucher「寝る」などのように, 主語の行為の結果が再び主語に帰ってくる働きを代名動詞の〈再帰的用法〉といいます.

再帰代名詞と他動詞で構成される代名動詞の多くは, 他動詞から自動詞的意味に変わります.

Il *s'est couché* tard hier. 彼はゆうべおそく寝ました.
イル　セ　　クーシェ タール イエール

② se が間接目的のとき:「自分において…する」

再帰的意味をもつ代名動詞の多くは, 今までの例でみたとおり, 再帰代名詞 se が「自分を」の意味をもち, 直接目的になります.

しかし, 代名動詞によっては se が「自分に」の意味をもち, 間接目的になるばあいもあります. たとえば:

Je ne *me rappelle* pas son nom. 私は彼の名を思い出せない.
ジュ ヌ　ム　ラペル　　パ　ソン ノン

この文で, se rappeler「~を思い出す」は son nom を直接目的としています. そして, 再帰代名詞 me は「私において」の意味で間接目的の働きをしています.

そこで, je me rappelle son nom は (私において・彼の名を思い出させる), つまり「私は彼の名を思い出す」の意味になります.

このように, ほかに直接目的をもつばあいの再帰代名詞 se は間接目的になります.

◇　からだの部分をあらわす名詞

se が間接目的の働きをする代名動詞でよくつかわれるのは，からだの一部をあらわす名詞が直接目的になるばあいです.

Je *me lave* les cheveux deux fois par semaine. 🎧
ジュ ム ラーヴ レ　シュヴー　ドゥ フォワ パール スメーヌ

私は週に2回髪を洗います.

この文で，se laver ～ は「自分において～を洗う」，つまり「自分の～を洗う」の意味になります.

Les enfants *se brossent* les dents avant de se coucher. 🎧
レザンファン　ス　ブロス　レ　ダン　アヴァン ドゥ ス　クーシェ

子供たちは寝る前に歯をみがきます.

ここでおぼえておくべきことは，フランス語では，からだの部分には多くのばあい所有形容詞は用いられないということです. その代わりに間接目的となる再帰代名詞によって所有者が示され，からだの部分を示す名詞の前には定冠詞がおかれます.

Elle *s'est lavé* la figure.　彼女は顔を洗いました. 🎧
エル　セ　ラヴェ ラ フィギュール

(*sa* figure といわないのがふつうです. なお，すでに見たとおり，代名動詞の複合過去形では，se (s') が間接目的のばあいは過去分詞に変化はありません)

注意　他人のからだの部分であっても，その所有者は所有形容詞で示さずに，間接目的となる人称代名詞であらわし，からだの部分を示す語の前には原則として定冠詞をおきます.

Elle *lui* a serré *la* main.　彼女は彼と握手した.
エル　リュイ ア セレ　ラ　マン

(serrer la main à *qn*「ある人と握手する」)

B. 相互的用法

　この用法では，主語は複数で，主語となる2人・2つ以上のものが相互に行為をし合うことをあらわします.

　再帰代名詞 se は直接目的になるばあいと，間接目的になるばあいがあります.

　① se＝直接目的 「互いに相手を」

Roméo et Juliette *s'aiment*. Ils *s'aiment*.　🎧
ロメオ　エ　ジュリエット　　セーム　　イル　　セーム
　　　ロメオとジュリエットは愛し合っている. 彼らは愛し合っている.

Roméo aime Juliette et Juliette aime Roméo. A aime B, B aime A. ですから代名動詞 s'aimer「愛し合う」のばあい，s'＝se は直接目的です.

　② se＝間接目的 「互いに相手に」

Aucassin et Nicolette *s'écrivent* l'un à l'autre.* 🎧
オーカッサン　エ　ニコレット　　セクリーヴ　　ランナロートル
　　　　　オーカッサンとニコレットは互いに文通し合っています.

A écrit à B.「AはBに手紙を書く」, B écrit à A.「BはAに手紙を書く」で，s'écrire「文通し合う」の s'＝se は間接目的です.

　　　＊ 代名動詞が相互的な意味につかわれるとき，l'un(e) l'autre
　　　[ラン(リュヌ) ロートル]「互いに」，また se が間接目的のときは
　　　l'un(e)＋前置詞＋l'autre「互いに」を添えて，相互の意味を強調す
　　　ることがあります.

C. 受動的用法

この用法では，**主語は人以外の事物をあらわす名詞**で，3 人称単数と複数だけにしか用いられません.

se は直接目的として扱われ，受身の意味をもちます.

Le « f » de bœufs ne *se prononce* pas.
ル　エフ　ドゥ　ブー　ヌ　ス　プロノンス　パ
　　　　　　　　　　　　　bœufs (牛の複数形) の f は発音されません.

La porte *s'ouvre* automatiquement. (s'ouvrir)
ラ　ポルト　スーヴル　オートマティクマン
　　　　　　　　　　　ドアは自動で開きます(開かれる).

注意　受動態は行為そのものよりもむしろ行為の結果である状態を示しますから (☞ *p. 187* 受動態)，行為そのものを示すには受動的用法の代名動詞がつかわれます.

La porte *est ouverte*. ドアは開いている. （状態）
ラ　ポルト　エトゥヴェルト

La porte *s'ouvre*. ドアは開く(開かれる). （行為）
　　　　スーヴル

D. 本質的用法

この用法に属する代名動詞はつぎの2種に大別されます. いずれのばあいも **se は直接目的**として扱われますが，目的語としての働きはもっていません.

　[1]　代名動詞としてしか (se なしでは)用いられない動詞:

s'écrier 叫ぶ，　　s'enfuir 逃げる，　　se fier 信用する，
セクリエ　　　　　サンフュイール　　　　　ス フィエール

se souvenir de ～ ～を思い出す, *etc.*
ス スーヴニール ドゥ

Jeanne *s'est souvenue* de sa jeunesse.
ジャンヌ　セ　スーヴニュ　ドゥ　サ　ジュネス
　　　　　　　　　ジャンヌは若いころのことを思い出した.

[2] 他動詞や自動詞としてもつかわれる動詞が，代名動詞に転化して独自の意味をもった動詞：

s'apercevoir de ～　～に気づく，　　s'en aller*　立去る，
サペルスヴォワールドゥ　　　　　　　　　　　　サンナレ

se mettre à ～　～しはじめる，　　se servir de ～ ～を使う
ス メットル ア　　　　　　　　　　　　ス セルヴィールドゥ

　　　* s'en aller の命令法：va-t'en ［ヴァタン］, allons-nous-en
　　［アロンヌーザン］, allez-vous-en ［アレヴーザン］「行ってしまい
　　なさい」

Allez-vous-en tous, toi aussi *va-t'en*, je veux rester seul.　🎧
アレヴーザン　　　トゥス トワ オスィ　ヴァタン　ジュ ヴー　レステ スール

　　きみたちみんな行ってしまえ，きみも行ってしまえ，私はひとり
　　でいたいのだ.

練習　27

A. （　）内の代名動詞を直説法現在形におき，各文中の代名動詞が再帰的，相互的など，いずれの用法に属するかを言いなさい.

1. Le mot « aéroplane » ne (s'employer)＿＿＿＿ guère aujourd'hui.

2. Elle (se regarder)＿＿＿＿ dans la glace.

3. Nous (se rencontrer)＿＿＿＿ souvent dans la rue.

B. つぎの文を仏訳して，全文を声に出して読みなさい.

1. あなたは毎朝何時に起きますか？—6時ごろに目がさめます (se réveiller) が，7時にしか起きません. (「…しか～ない」ne ～ que ...)

2. 彼は食事 (repas 男) の前ごとに (chaque) 手を洗います.

3. あなたは疲れて (fatigué 形) います. じゅうぶんに休息なさい (「休息する」se reposer).

28 Vous trouvez le français difficile?

50

A. 基本文型

フランス語の文章は，つぎのような基本となるいくつかの文型にもとづいて展開されます.

なお，S＝Sujet (主語)，V＝Verbe (動詞)，A＝Attribut (属詞)，O. D＝Objet Direct (直接目的語)，O. I＝Objet Indirect (間接目的語)をあらわします.

1 主語＋動詞：〈S＋V〉

Henri dort. Il dort profondément.
アンリ　ドール　イル ドール　プロフォンデマン

　　　　　　　アンリは眠っています. 彼はぐっすり眠っています.

　　＊ dort は dormir「眠る」の現在形.

Cécile est là. Elle est à Rome.
セスィール エ　ラ　　エレタ　　ローム

　　　　　　セシールはあそこにいます. 彼女はローマにいます.

2 主語＋動詞＋属詞：〈S＋V＋A〉

Klaus est Allemand. Il est journaliste.
クラウス エ　アルマン　　イレ ジュールナリスト

　　　　　　　　クラウスはドイツ人です. 彼は新聞記者です.

　　＊ être は主語 (Klaus, Il) と属詞 (Allemand, journaliste) をむすぶ働きをつとめていて，「～です」の意味に用いられています. なお，属詞と冠詞については ☞ p. 48.

Vous restez jeune.　あなたはいつまでもお若い.
ヴー　レステ　ジュヌ

　　＊ rester は「〔ある状態〕のままでいる・であり続ける」の意味で，主語の属詞をみちびく動詞としてつかわれます.

3　主語＋動詞＋直接目的語：〈S＋V＋O.D〉

Les Français aiment le vin.　フランス人はぶどう酒が好きです.
　レ　　フランセ　　　エーム　　ル　ヴァン

　　　＊　aimer は「～を愛する，～が好きです」の意味をもつ他動詞
　　で，直接目的語をとります. この文では le vin が直接目的語.

Nous avons une auto.　私たちは車をもっています.
　ヌーザヴォン　　　ユノト

4　主語＋動詞＋間接目的語：〈S＋V＋O.I〉

François pense toujours à sa mère. Il pense toujours à
　フランソワ　　パンス　トゥジュール　ア　サ　メール　イル　パンス　トゥジュール ア
elle.　フランソワはいつも母親のことを考えています. 彼はいつも彼女のこ
　エル　　とを考えています.

　　　＊　penser à ～「～のことを考える」. elle はこのばあい人称代
　　名詞強勢形です.

5　主語＋動詞＋直接目的語＋間接目的語：

　　　　　　　　　　　　　　　　　　　〈S＋V＋O.D＋O.I〉

Il a prêté de l'argent à son ami.
　イラ　　プレテ　ドゥ　ラルジャン　ア　ソンナミ

　　　　　　　　　　　　彼は友人にお金を貸しました.

6　主語＋動詞＋直接目的語＋(直接目的語の)属詞：

　　　　　　　　　　　　　　　　　　　〈S＋V＋O.D＋A〉

Vous trouvez le français difficile ?
　ヴー　　トルゥヴェ　ル　　フランセ　ディフィスィル

　　　　　　　　　　　　フランス語をむずかしいと思いますか？

　　　＊　trouver qn (qch)＋属詞「ある人(あるもの)を～と思う」.

172

B.　-er 動詞の変則活用

　不定詞の語尾が　-er　で終わる〈-er 動詞〉(第1群規則動詞)のなかには,多くは発音の関係から,綴り字の一部が変わる動詞が若干ありますから注意しましょう.

　① 〈e＋子音字＋er〉形の動詞のなかには,nous と vous を除く人称において,子音字を重ねる動詞があります.
　たとえば,appeler [アプレ]「よぶ」,jeter [ジュテ]「投げる」など,-eler, -eter で終わる動詞は,l を ll, t を tt のように子音字を重ねます.

◆　appe*ler* の現在形　🎧

j'appe*ll*e ジャペル	nous appelons ヌーザプロン
tu appe*ll*es テュ　アペル	vous appelez ヴーザプレ
il appe*ll*e イラペル	ils appe*ll*ent イルザペル

◆　je*ter* の現在形　🎧

je je*tt*e ジュ ジェット	nous jetons ヌー　ジュトン
tu je*tt*es テュ ジェット	vous jetez ヴー　ジュテ
il je*tt*e イル ジェット	ils je*tt*ent イル　ジェット

　ただし,acheter [アシュテ]「買う」,geler [ジュレ]「凍る」など若干の動詞は例外で,② に属します.

◆ acheter の現在形 🎧

> j'ach**è**te   nous achetons
> ジャシェート   ヌーザシュトン
>
> tu ach**è**tes   vous achetez
> テュ アシェート   ヴーザシュテ
>
> il ach**è**te   ils ach**è**tent
> イラシェート   イルザシェート

2 〈e＋子音字＋er〉形の動詞には，上記 1 のように子音字を重ねる動詞のほかに，子音字の前の e を è に変える動詞があります．-emer, -ener, -ever で終わる動詞はこれに属します．

◆ se lever [スルヴェ]「起きる」の現在形 🎧

> je me l**è**ve   nous nous levons
> ジュ ム レーヴ   ヌー ヌー ルヴォン
>
> tu te l**è**ves   vous vous levez
> テュトゥ レーヴ   ヴー ヴー ルヴェ
>
> il se l**è**ve   ils se l**è**vent
> イル ス レーヴ   イル ス レーヴ

3 〈é＋子音字＋er〉形の動詞では，nous と vous を除く人称において，é を è に変えます．

posséder「所有する」，espérer「希望する」，préférer「～のほうを好む」など，-éder, -érer で終わる動詞はこれに属します．

◆ préférer [プレフェレ]の現在形 🎧

> je préf**è**re   nous préférons
> ジュ プレフェール   ヌー プレフェロン
>
> tu préf**è**res   vous préférez
> テュ プレフェール   ヴー プレフェレ
>
> il préf**è**re   ils préf**è**rent
> イル プレフェール   イル プレフェール

④ -cer で終わる動詞は，c の直後に a, o がくると，c を ç に変えて［ス］の音を保たせます．commencer「始める」の現在形：nous commençons［ヌー　コマンソン］.

⑤ -ger で終わる動詞は，g の直後に a, o がくると，e を入れて gea, geo の形で［ジュ］の音を保たせます．manger「食べる」の現在形：nous mangeons［ヌー　マンジョン］.

⑥ -oyer, -uyer で終わる動詞は，nous と vous 以外の人称では y を i に変えます．employer「使う」の現在形：j'emploie［ジャンプ ロワ］.

⑦ -ayer で終わる動詞は，nous と vous 以外の人称では y を i に変えても変えなくても随意です．payer「支払う」の現在形：je paie または je paye（発音はどちらの形でも［ジュ　ペイ］).

練習　28

A. （　）内の動詞を現在形に活用して文字で入れ，そのあと全文を声に出して読みなさい.

1. J'(espérer)＿＿＿ vous revoir.

2. Elle (préférer)＿＿＿ la ville à la campagne.

3. On (acheter)＿＿＿ du pain chez le boulanger.

4. Il (payer)＿＿＿ toujours par chèque.

5. Nous (manger)＿＿＿ souvent dans ce restaurant.

B. つぎの文はそれぞれどの基本文型に属するかを 〈S＋V...〉形式 であらわしなさい.

1. Je téléphone à Jeanne.

2. C'est moi.

3. Je trouve Cécile charmante.

4. Il marche très vite.

29 C'est ça.

　　　　　　　　　　　　　　　　　　　🎧 51

A. 指示代名詞 ce, ceci, cela (ça)

① **ce** [ス]「これは，それは」

ce は être の主語として，c'est ～, ce sont ～ の形で用いられます.

Qu'est-ce que *c*'est? — *Ce* sont des gâteaux.　　🎧
ケスクセ　　　　　　ス ソン デ ガトー

　　　　　　　これは何ですか? — それはお菓子です.

C'est combien? — 20 francs. — *C*'est cher.
セ　　コンビエン　　　ヴァン フラン　　　セ シェール

　　　　　　いくらですか? — 20 フランです. — それは高い.

ce はまた qui, que など関係代名詞の先行詞になります.

Je vais vous raconter *ce* que j'ai vu.　　🎧
ジュ ヴェ　ヴー ラコンテ ス ク ジェ ヴュ

　　　　　　私が見たことをあなたにお話ししましょう.

Ce qui n'est pas clair n'est pas français.
ス キ ネ パ クレール ネ パ フランセ

　　　　　　明晰でないものはフランス語ではない.

② **ceci** [ススィ]「これ」，**cela** [スラ]「あれ」

ceci, cela が併用されるばあいは遠近の別が示されます. ceci は
「こちらのもの」，cela は「あちらのもの」を指します.

Ceci est moins cher que *cela*.　このほうがあれよりも安い. 🎧
ススィ エ モワン シェール ク スラ

遠近の別なく1つのものを指示するばあいは，もっぱら cela が用
いられますが，とくに会話では cela の省略形 **ça** [サ] がひんぱん
につかわれます.

C'est *cela* (*ça*).　そのとおり.　　Comme *ça*.　このように. 🎧
セ スラ サ　　　　　　　　　　コム サ

176

B. 性・数の変化をする指示代名詞

男性単数形	女性単数形	男性複数形	女性複数形
celui スリュイ	**celle** セル	**ceux** スゥ	**celles** セル

　これらの指示代名詞は，既出の名詞をくり返しつかうのをさけるために用いられます．すでに出た名詞の性・数に応じてこれら4つのいずれかの形で代用されます．

　単独でつかわれることはなく，一般に〈de＋名詞〉，または関係代名詞を伴います．

① 〈de＋名詞〉を伴って：

Cette moto rouge est *celle* de Michel.　(celle＝la moto)
セット　モト　ルージュ　エ　セル　ドゥ　ミシェル

　　　　あの赤いオートバイはミシェルのオートバイ（＝それ）です．

Les étudiants d'aujourd'hui lisent moins que *ceux* d'autrefois.
レゼテュディアン　ドォジュールデュイ　リーズ　モワン　ク　スゥ　ドォトゥルフォワ

　　　　　　　　　　　　　　　　　　　(ceux＝les étudiants)

　　　　今日の学生たちは昔の学生たちほど本を読まない．

② 関係代名詞を伴って：

Ces cravates sont *celles* que mon père préfère.
セ　クラヴァト　ソン　セル　ク　モン　ペール　プレフェール

　　　　　　　　　　　　　　　　　　(celles＝les cravates)

　　　　これらのネクタイは，父がお気に入りのネクタイです．

注意　celui, ceux などが関係節を伴うとき，受ける既出の名詞がないばあいは，「～する〔ところの〕人・人たち」の意味です．

　　　Celui qui mange peu dort bien.　少食の人はよく眠る．
　　　スリュイ　キ　マンジュ　プー　ドール　ビエン

3 これらの指示代名詞のあとに, **-ci** [スィ], **-là** [ラ] をつけて遠近を区別することがあります. このばあいは限定する補語を必要としません.

celui-ci, celle-ci, ceux-ci, celles-ci   こちらのもの・人
スリュイスィ　セル スィ　スゥ スィ　セル スィ

celui-là, celle-là, ceux-là, celles-là   あちらのもの・人
スリュイ ラ　セル ラ　スゥ ラ　セル ラ

Regardez ces tomates : *celles-ci* sont mûres, mais *celles-là*
ルガルデ　セ　トマト　セル スィ ソン ミュール　メ　セル ラ

sont encore vertes.
ソンタンコール　ヴェルト

　　このトマトをごらんなさい. こちらのものは熟していますが, あちらのはまだ熟していません.

既出の2つのもの, 2人について, 初めに述べたもの (前者) は -là で, あとに述べたもの(後者)は -ci によって示します.

Racine et Molière sont deux grands auteurs dramatiques du
ラシーヌ エ モリエール ソン ドゥ　グランゾートゥール　ドラマティック　デュ

dix-septième siècle ; *celui-ci* est un comique, *celui-là* un
ディセティエーム　スィエークル スリュイ スィ　エタン　コミック　スリュイ ラ　アン

tragique.
トラジック

　　ラシーヌとモリエールは 17 世紀の2大劇作家である. 後者(モリエール)は喜劇作家, 前者は悲劇作家である.

C. 関係代名詞 (3)

1 前置詞＋**lequel**...

　関係代名詞には, すでに学んだ qui, que, dont, où のほか, 先行詞の性・数によって変化する lequel, laquelle, ... の形があります.

この形は疑問代名詞としても用いられますから，25課でその用法を勉強しましたが，その形をもういちど表示してみましょう．

前置詞	男性単数形	女性単数形	男性複数形	女性複数形
	lequel	laquelle	lesquels	lesquelles
à+	auquel	à laquelle	auxquels	auxquelles
de+	duquel	de laquelle	desquels	desquelles

関係代名詞としての lequel, laquelle, … は多くのばあい，〈前置詞＋lequel〉の形で「物」に関してつかわれます．つまり，先行詞が「物」を示す名詞で，前置詞を必要とするばあいです．

Voici les lettres *auxquelles* je dois répondre. 🎧
ヴォワスィ　レ　レットル　　オーケル　　ジュ　ドワ　　レポンドル
これは私が返事を出さなければならない手紙です．

注意　〈前置詞＋lequel〉は「人」に関してもつかわれますが，そのときはむしろ〈前置詞＋qui〉の形が用いられます．

Voilà les touristes *avec qui* (*avec lesquels*) j'ai voyagé.
ヴォワラ　レ　トゥーリスト　アヴェック　キ　　　　レケル　ジェ　ヴォワィヤジェ
あれが私がいっしょに旅行をした観光客たちです．

関係代名詞 lequel, laquelle, … は前置詞なしでつかわれることがあります．ただし，書きことばに限られ，主として qui に代わって先行詞を明示するためなどに用いられます．

J'ai vu la mère de mon ami, *lequel* demeure à Paris.
ジェ　ヴュ　ラ　メール　ドゥ　　モナミ　　ルケル　ドゥムール　ア
パリに住んでいる私の友人の母親に私は会いました．

　　＊　この例文で qui をつかうと，パリに住んでいるのは友人か，友人の母親か，意味があいまいになります．そこで lequel をつかえば友人，laquelle をつかえば母親を指すことになります．

2 **前置詞＋qui**

すでに述べたとおり，先行詞が「人」のばあいは一般に〈前置詞＋
qui〉をつかいます．ただし，前置詞が de のときは de qui あるい
は duquel よりもむしろ dont の形が用いられます．

Le médecin *dont* (*de qui, duquel*) vous parlez est un de mes
ル　メドゥセン　ドン　ドゥ キ　デュケル　ヴー　パルレ　エタン　ドゥ　メ
amis.　あなたがお話しの医者は私の友人の1人です．
ザミ

3 **前置詞＋quoi**

先行詞が名詞以外の中性語（ce, quelque chose, rien, *etc.*)，また
は先行詞がないときにつかわれます．

C'est [ce] *à quoi* je pense.　それは私の考えていることです．
セ　ス　ア　コワ ジュ パンス

注意　c'est, voici などのあとでは ce はしばしばはぶかれます．

練習　29

A.　つぎの文中の点線部に適当な指示代名詞を入れなさい．

1.　Ce n'est pas mon parapluie, c'est _____ de mon père.

2.　J'aime _____ qui m'aime.

3.　Sa mère est plus âgée que _____ de Marc.

4.　_____ qui porte des lunettes de soleil, c'est Michel.

5.　Les médecins d'aujourd'hui sont beaucoup plus habiles que
　　_____ d'autrefois.

B.　つぎの文中の点線部に適当な関係代名詞を入れなさい．

1.　J'ai vu Robert à la réunion à _____ j'ai assisté.

2.　Voici l'appareil avec _____ j'ai pris ces photos.

30 Je vais lui en parler.

　これから学ぶ副詞的代名詞 en と y, それにつぎの課で解説される中性代名詞 le は, すでに学んだ目的人称代名詞 (☞ *p. 146*) の延長線上にある代名詞です.

A.　副詞的代名詞 en

　en は副詞として, また代名詞としてつかわれます. en の位置についてはあとで述べますが, 原則として動詞の前におかれます.

　①　場所の副詞として「そこから」の意.　🎧

Je suis allé passer mes vacances à la mer et j'*en* suis revenu
ジュ スュイザレ　バセ　　メ　ヴァカンス　ア ラ メール エ ジャン スュイ　ルヴニュ

hier.　(en=de la mer「海から」)
イェール

　　　　私は休暇をすごしに海へ行きました. そして昨日そこからもどって来ました.

　②　副詞的代名詞として, つぎのばあいの名詞に代わります.

a.　不定冠詞複数形の des のついた直接目的となる名詞.

Elle a des enfants ? — Oui, elle *en* a.　(en=des enfants)　🎧
エラ　　デザンファン　　　ウィ　エランナ

　　　　彼女には子供がいますか?—ええ, 彼女には子供がいます.

b.　部分冠詞 du, de la, de l' のついた直接目的となる名詞.　🎧

Voulez-vous du café ? — Oui, j'*en* veux bien.　(en=du café)
ヴーレ　ヴー　デュ カフェ　　ウィ　ジャン　ヴー　ビエン

　　　　コーヒーはいかがですか?—はい, いただきます.

c. 否定文の de＋名詞

N'as-tu pas d'argent? — Non, je n'*en* ai pas. (en＝d'argent)
ナテュ　パ　ダルジャン　　　　ノン　ジュ　ナンネ　　パ

きみはお金をもってないの？ — うん，もってない．

③ 数詞または数量副詞 (combien, beaucoup, *etc.*) のあとに続く
直接目的となる名詞(数量副詞のときは de＋名詞)に代わります．

Combien d'amis français avez-vous? — J'*en* ai trois.
コンビエン　　ダミ　　フランセ　アヴェ　ヴー　　　ジャンネ　トロワ

(＝ J'ai trois amis français)

あなたにはフランス人の友だちは何人いますか？ — 3人です．

Votre frère a-t-il beaucoup de correspondants? — Oui, il *en*
ヴォートル フレール アティル　ボークー　　ドゥ　　コレスポンダン　　　　ウィ イランナ

a beaucoup. (＝ il a beaucoup de correspondants)
ボークー

弟さんにはおおぜいのペンフレンドがいますか？ — はい，たくさんい
ます．

④ 形容詞・動詞〔句〕がその補語として de を要求するばあいの
〈de ～〉，または名詞のあとにおかれる補語としての 〈de＋名詞〉に
代わります．

Est-il content de son fils? — Oui, il *en* est content.
エティル　コンタン　ドゥ ソン フィス　　ウィ　イランネ　　コンタン

(être content de ～「～に満足している」．en＝de son fils)

彼は自分の息子に満足していますか？ — はい，満足しています．

Avez-vous parlé à Jean de votre prochain mariage? — Non,
アヴェ　ヴー　パルレ ア ジャン ドゥ ヴォートル プロシャン　マリアージュ　　　ノン

je n'*en* ai pas encore parlé à Jean.
ジュ ナンネ　　パ アンコール パルレ ア ジャン

(en＝de mon prochain mariage)

あなたは今度のあなたの結婚のことをジャンに話しましたか？ — い
いえ，まだ話していません．

182

5 en の位置

この課のはじめでふれたように，en は動詞の前におかれます． en のほかに目的人称代名詞があれば，en はそれよりもあとにおかれます．

Je vais lui *en* parler.　これから彼にそのことを話します．　🎧
ジュ ヴェ リュイ アン パルレ

Elle m'*en* a donné.　　彼女は私にそれをくれました．
エル　　マンナ　　ドネ

肯定命令法のばあいは，トレ・デュニオンをつけて動詞のあとにおき，リエゾンがおこなわれます．また，肯定命令法で -moi, -toi のあとに en がくると，-m'en, -t'en になります．

Parlons-*en*.　　　そのことについて話しましょう．　🎧
パルロンザン

Si tu as de l'argent, prête-m'*en* un peu.

もしきみ金をもっていたら，〔ぼくにそれを〕少し貸してくれよ．

B.　副詞的代名詞 y

y は副詞として，また代名詞としてつかわれます．

1　副詞として「そこに」の意味をもち，〈場所を示す前置詞 à, chez, dans, en, sur, *etc.*＋名詞〉に代わります．

Vous passez au bureau de poste ? — Oui, j'*y* passe.　🎧
ヴー　　　パセ　　オー ビューロ ドゥ ポスト　　　ウィ ジィ　パス

(y＝au bureau de poste)

あなたは郵便局へ寄りますか？—はい，寄ります．

Il habite en Suisse ? — Non, il n'*y* habite plus.
イラビット アン スイス　　　　ノン イル ニィ アビット プリュ

(y＝en Suisse)

彼はスイスに住んでいるのですか？—いいえ，彼はもうそこには住んでいません．

183

② 副詞的代名詞として〈à＋名詞(不定詞, 節)〉に代わります.

Avez-vous répondu à cette lettre ? — Oui, j'y ai répondu. 🎧
アヴェ ヴー レポンデュ ア セット レットル ウィ ジィエ レポンデュ
　　　　この手紙に返事をしましたか？—はい, 返事をしました.

Pense-t-il à ses examens ? — Non, il n'y pense pas.
パンス ティルア セゼクザマン ノン イルニィ パンス パ
　　　　彼は試験のことを考えていますか？—いいえ, 彼はそのことを考えて
います.

　　　　＊ y は原則として〈物〉をうけます.〈人〉をあらわす名詞を
　　　　うけるばあいは, 間接目的人称代名詞 lui, leur をつかいます.
　　　　Avez-vous répondu à Jean ? — Oui, je *lui* ai répondu.
　　　　ジャンに返事をしましたか？—はい, 彼に返事をしました.

③ y の位置

これまでの用例で見たとおり, y は動詞の前におかれます. ただし,
肯定命令法のばあいは, トレ・デュニオンをつけて動詞のあとにおき,
リエゾンをおこないます. Allons-*y*. [アロンズィ]「さあ, やろう」

また, ほかに目的人称代名詞があれば, そのあとにおかれます.

Je t'y emmène demain. 明日きみをそこへ連れて行きます. 🎧
ジュ ティ アンメーヌ ドゥマン

-er 動詞と aller の命令法2人称単数形では語尾の -s がはぶかれ
ますが, あとに y がくると再び -s が加わり, リエゾンされます.

Penses-*y*. そのことを考えなさい. 　　**Vas-*y*.** そこへ行きなさい. 🎧
パンスズィ 　　　　　　　　　　　　　　ヴァズィ

y と en が併用されると y, en の語順になります. Il *y en* a [イリ
ヤンナ]

～Sur le pont d'Avignon～

Sur le pont d'Avignon,　　　アヴィニョンの橋の上で，
スュールル　ポン　ダヴィニョン

On y[1] danse, on y danse,　人は踊るよ，人は踊るよ，
オンニィ　ダンス　オンニィ　ダンス

Sur le pont d'Avignon,　　　アヴィニョンの橋の上で，
スュールル　ポン　ダヴィニョン

On y danse, tous[2] en rond.　人は踊るよ，みな輪になって.
オンニィ　ダンス　トゥサンロン

Avignon は 14 世紀来教皇庁で栄えた南仏の町. 古くからフランス人に親しまれた歌で，このあと「美しい殿方はこうなさる…」とお辞儀の身振りを伴った refrain が続きます.　　1) y＝Sur le pont d'Avignon.　　2) tous は代名詞で s を発音.「すべての人」.

練習　**30**

A. en または y をつかって，否定で答えなさい.

1. Avez-vous de la monnaie?

2. Est-il content de ce résultat?

3. Tu penses au cadeau de mariage de Michel?

　　　　　　　　　　　（「まだ～ない」ne ～ pas encore）

B. en または y をつかって仏訳しなさい.

1. あなたはあなたの事務所 (bureau 圐) へ行くのですか?
—いいえ，私はそこへは行きません，今日は休みです (on a congé).

2. 私たちそのことについて話すのはもう (ne ～ plus) やめましょう. (parler の命令法否定形)

3. アンリ (Henri) はずっと (toujours) リヨン (Lyon) に住んでいるのですか?—いいえ，彼はもうそこには住んでいません.

185

31 Louise est aimée de tout le monde.

A. 中性代名詞 le

le の形は定冠詞単数形として，また，名詞・代名詞をうける直接目的人称代名詞3人称単数形としての用法をすでに学びました．

ところで，この le は，さらに，形容詞・無冠詞の名詞・不定詞・節・文などをうける〈中性代名詞〉としてもつかわれます．

le は { 形容詞・無冠詞の名詞に代わるばあいは属詞として
       { 不定詞・文・節に代わるばあいは直接目的として }
働きます．

le が属詞として，女性形や複数形の形容詞の代わりをつとめるときでも，性・数によって変わることなく，つねに le のままです．

なお，中性代名詞 le は動詞の前におかれます．

1. 形容詞： Tu es heureuse ? — Oui, je *le* suis. 🎧
   テュ エ ウールーズ   ウィ ジュル スュイ

   (le＝heureuse)   きみ(女性)はしあわせ？ — ええ，しあわせ．

2. 無冠詞の名詞： Elles sont Anglaises ? — Oui, elles *le* sont.
   エル ソンタングレーズ   ウィ エル ル ソン

   (le＝Anglaises)   彼女たちは英国人ですか？ — はい，英国人です．

3. 不定詞： Puis-je entrer ? — Oui, vous *le* pouvez.
   ピュイ ジュ アントレ   ウィ ヴー ル プーヴェ

   (le＝entrer)   入ってもいいですか？ — はい，いいです．

4. 文・節： Savez-vous qu'il est malade ? — Non, je ne *le*
   サヴェ ヴー キレ マラード   ノン ジュ ヌ ル
   sais pas.   (le＝qu'il est malade)
   セ パ

   彼が病気であることをあなたは知っていますか？ — いいえ，知りません．

B. 受動態

[1] 能動態と受動態

たとえば，「デュランさんはジャンヌを夕食に招きます」という文はフランス語では：

M. Durand invite Jeanne à dîner. といいます。
ムスィウ デュラン アンヴィト ジャンヌ ア ディネ

このばあい，invite は他動詞 inviter「招く」の現在形. Jeanne はその直接目的語です.

ここで，直接目的語ジャンヌを主語にして，「ジャンヌはデュランさんから夕食に招かれています」という受動態の文に変えると，

Jeanne *est invitée* à dîner *par* M. Durand. となります。
エタンヴィテ パール

このばあい，invité[e] は過去分詞，M. Durand は動作主です.

能動態：　M. Durand invite Jeanne à dîner.
受動態：　Jeanne *est invitée* à dîner *par* M. Durand.

[2] 受動態の構成

受動態 ＝ **être** の活用形 ＋ 他動詞の過去分詞
　　　　　　　　　　　　　　　＋ **par**（または **de**）＋ 動作主を示す語

◆　aimer の受動態・現在形「愛され〔てい〕る」

je　suis aimé[e] ジュ　スュイゼメ	nous sommes aimé[e]s ヌー　　　ソムゼメ
tu　es　aimé[e] テュ　エゼメ	vous êtes　　aimé[e][s] ヴーゼットゼメ
il　est aimé イレテメ	ils　sont　aimés イル　ソンテメ
elle est aimée エレテメ	elles sont　aimées エル　ソンテメ

◆　aimer の受動態・複合過去形「愛されました」

j'ai　été aimé[e] ジェ　　エテ　エメ	nous avons été aimé[e]s ヌーザヴォンゼテ　　エメ
tu　as été aimé[e] テュ　ア エテ　エメ	vous avez　été aimé[e][s] ヴーザヴェゼテ　　エメ
il　a été aimé イラ　エテ　エメ	ils　ont　été aimés イルゾンテテ　　エメ
elle a été aimée エラ　エテ　エメ	elles ont　été aimées エルゾンテテ　　エメ

注意　受動態のばあい，過去分詞は主語の性・数と一致します．復習
になりますが，主語が女性であれば過去分詞に -e が，複数であ
れば -s が添えられるという〈過去分詞の一致〉の規則に気をつ
けましょう．

　　受動態の〈時〉(「愛されています」「愛されました」など) は，
être によってあらわされます．つまり，être が現在形であれば
現在の受動態，過去形であれば過去の受動態をあらわします．

3　動作主を示す語をみちびく par と de

　受動態では，動作主を示す語は，多くのばあい前置詞 par によっ
てみちびかれますが，ばあいによっては de がつかわれます．

　par と de のちがいは微妙ですが，概して，一時的な行為があらわ
されるばあいは par がつかわれます．

　感情をあらわす動詞(たとえば être aimé, être détesté「嫌われる」,
être respecté「尊敬される」など)，または継続的な状態をあらわす動
詞 (être entouré「かこまれる」など)のあとでは de がつかわれると
いえます． 🎧

《 L'Étranger 》 *a été écrit par* Albert Camus.
レトランジェ　　ア エテ エクリ パール アルベール　カミュ

　　　　『異邦人』はアルベール・カミュによって書かれた．

Louise *est aimée de* tout le monde.
ルイーズ　　　エテメ　　ドゥ　トゥ　ル　　モンド

ルイーズはみんなから愛されています.

注意　フランス語では，受動態がつかわれる率は英語に比べるとずっ
と少ないといえます. また，英語とはちがって，能動態の間接目
的語は受動態の主語にはなりえません.

Jean donne ce stylo à Pierre.

→ *Ce stylo* est donné à Pierre par Jean.

このばあい，*Pierre* est donné ce stylo par Jean. とは言え
ません.

④　on と受動態

能動態で，主語が不特定な「人は」の意味をあらわす on のばあい，
これが受動態になると動作主を示す語は省略されます. つまり par
on ははぶかれます.

On méprise les menteurs.　　人はうそつき者を軽蔑する.
オン　メプリーズ　レ　マントゥール

Les menteurs *sont méprisés*.　うそつき者は軽蔑される.
ソン　　メプリゼ

En　　　1981,　　François Mitterrand *a été élu* président
アン ミルヌフサンカトルヴァンアン フランソワ　　ミテラン　　ア エテ エリュ プレズィダン

de la République française.　(élu ← élire「えらぶ」)
ドゥ ラ　レピュブリック　フランセーズ

フランソワ・ミッテランは 1981 年にフランス共和国大統領にえらば
れました.

練習　**31**

A.　能動態は受動態に，受動態は能動態に言いかえなさい.

1.　Tout le monde respecte le docteur Dupont.

2.　Nous sommes protégés par les lois.

3.　Le concert sera donné demain soir. (donner「催す」)

4.　Christophe Colomb a découvert l'Amérique.

5.　L'éruption du Vésuve* a détruit la ville de Pompéi.
　　(*「ヴェスヴィオス火山の噴火」)

B.　つぎの問いに中性代名詞 le をつかって否定で答えなさい.

1.　Es-tu encore fatiguée? (「もう～ない」ne ～ plus)

2.　Savez-vous qu'elle est entrée au couvent?

商店

boulangerie ブーランジュリ	囡	パン屋	pharmacie ファルマスィ	囡	薬　局
pâtisserie パティスリ	囡	菓子屋	librairie リブレリ	囡	書　店
boucherie ブーシュリ	囡	肉　屋	grand magasin グラン　マガザン	囡	デパート
charcuterie シャルキュトリ	囡	豚肉屋	supermarché スュペルマルシェ		
poissonnerie ポワソヌリ	囡	魚　屋		男	スーパーマーケット
épicerie エピスリ	囡	食料品店	marchand des quatre saisons マルシャン　デ　カトル　セゾン		
				男	八百屋

32 Elle regardait la télévision.

A. 直説法半過去形

　フランス語で過去のことを述べる直説法の時制としては，いままでに学んだ〈複合過去形〉(☞ *p. 127*) のほかに，これから学ぶ，いずれも直説法の〈半過去形〉，〈大過去形〉，〈単純過去形〉，〈前過去形〉があります．

　半過去はフランス語で〈imparfait〉といいますが，これは parfait「完了」でない，つまり「未完了」の意味をあらわします．

　過去のある時点における行為・状態をまだ完了していないものとしてあらわすのが半過去の本来の働きで，そこから継続・反復・習慣・描写などの用法が生まれます．

B. 半過去形の語尾

　直説法半過去形は，その動詞の直説法現在形の1人称複数形，すなわち nous _____ -ons の -ons の代わりにつぎに記す語尾をつけた形です．ただし，être だけは例外で特別な半過去形をもちます．

半過去形の語尾

je	_____ **-ais**	nous	_____ **-ions**
tu	_____ **-ais**	vous	_____ **-iez**
il	_____ **-ait**	ils	_____ **-aient**

語尾の発音

je	_____ [エ]	nous	_____ [イョン]
tu	_____ [エ]	vous	_____ [イエ]
il	_____ [エ]	ils	_____ [エ]

発音 ils _____ -aient の -ent は (現在形の ils _____ -ent と同じく) 発音されませんから，-aient で [エ] の音になります．したがって，半過去の語尾は音の上からは [エ]，[イョン]，[イエ] の3種類です．

191

◆ aimer の半過去形 (現在形: nous aim*ons*)

j'aim*ais*　　　　nous aim*ions*
ジェメ　　　　　　　ヌーゼミョン

tu aim*ais*　　　　vous aim*iez*
テュ　エメ　　　　　ヴーゼミエ

il aim*ait*　　　　ils　aim*aient*
イレメ　　　　　　　イルゼメ

◆ être の半過去形 (現在形: nous sommes)

j'ét*ais*　　　　　nous ét*ions*
ジェテ　　　　　　　ヌーゼティョン

tu ét*ais*　　　　vous ét*iez*
テュ　エテ　　　　　ヴーゼティエ

il ét*ait*　　　　ils　ét*aient*
イレテ　　　　　　　イルゼテ

◆ avoir の半過去形 (現在形: nous av*ons*)

j'av*ais*　　　　　nous av*ions*
ジャヴェ　　　　　　ヌーザヴィョン

tu av*ais*　　　　vous av*iez*
テュ　アヴェ　　　　ヴーザヴィエ

il av*ait*　　　　ils　av*aient*
イラヴェ　　　　　　イルザヴェ

◆ aller の半過去形 (現在形: nous all*ons*)

j'all*ais*　　　　　nous all*ions*
ジャレ　　　　　　　ヌーザリョン

tu all*ais*　　　　vous all*iez*
テュ　アレ　　　　　ヴーザリエ

il all*ait*　　　　ils　all*aient*
イラレ　　　　　　　イルザレ

◆ faire「する」の半過去形（現在形：nous fais*ons*）

je fais*ais* ジュ フゼ	nous fais*ions* ヌー フズィョン
tu fais*ais* テュ フゼ	vous fais*iez* ヴー フズィエ
il fais*ait* イル フゼ	ils fais*aient* イル フゼ

◆ manger「食べる」の半過去形（現在形：nous mange*ons*）

je mange*ais* ジュ マンジェ	nous mang*ions* ヌー マンジョン
tu mange*ais* テュ マンジェ	vous mang*iez* ヴー マンジェ
il mange*ait* イル マンジェ	ils mange*aient* イル マンジェ

　　* -cer, -ger で終わる動詞の半過去形では，nous, vous のばあいの活用形に注意しましょう．*ex.* je commen*ç*ais, ただし，nous commen*c*ions, vous commen*c*iez (, なし)；je mange*ais*, ただし，nous mangions, vous mangiez (e なし)．

　　* 非人称動詞の半過去形：il pleuvait［イルプルーヴェ］「雨が降っていた」；il neigeait［イルネージェ］「雪が降っていた」；il fallait［イルファレ］「〜ねばならなかった」

C. 半過去形の用法

　1　過去のある時点において〈継続〉していた状態や進行中だった行為をあらわします．

Hier, il *pleuvait* toute la journée.
イェール イル プルーヴェ トゥトゥ ラ ジュールネ

　　　　　　　　　　　　　　　　昨日は一日じゅう雨が降っていました．

Elle *regardait* la télévision quand sa mère est entrée.
エル ルガルデ ラ テレヴィズィョン カン サ メール エタントレ

　　　　彼女の母親が入ってきたとき，彼女はテレビを見ていました．

2 過去において〈反復〉された行為や，過去の〈習慣〉をあらわします．

Pendant les vacances, ils *se levaient* de bonne heure. 🎧
パンダン　　レ　ヴァカンス　イル　ス　ルヴェ　ドゥ　ボンヌール

　　　　　　　　　　　　休暇中，彼らは朝早く起きていました．

3 ある行為の背景になっていた状況や，人物の性格・風采などを絵画的に〈描写〉します．
🎧

C'*était* en plein hiver et la neige *commençait* à tomber. Nous
セテタン　　プレンニヴェール エ ラ ネージュ　コマンセ　　ア　トンベ　　ヌーザ
avions très froid ; nous *étions* comme glacés.
ヴィョン　トレ　フロワ　　ヌーゼティョン　コム　グラセ

　　真冬だった．雪が降りはじめていた．私たちはひどく寒さをおぼえた．
　　まるで凍りついたようだった．

4 主節が過去時制におかれているとき，間接話法の従属節で主節と同時の行為・状態，すなわち〈過去における現在〉をあらわします．

Il m'a écrit qu'il *était* très occupé. 🎧
イル マ　エクリ　キレテ　　トレゾキュペ

　　　　　　　　彼はとても忙しいという手紙を私に書いてよこしました．

注意　直接話法の現在形は，間接話法になると半過去形に変わります（〈時制の照応〉☞ *p. 236*）．彼はその手紙で《 Je *suis* très occupé.》と現在形で書いたわけです．…qu'il *était* très occupé. と半過去形を見て，「…とても忙しかった」と解釈しないように気をつけましょう．

◇　半過去形と複合過去形

半過去形の用法 1 で，Elle *regardait* la télévision quand sa mère *est entrée*. という例文を見ました．このばあい，regardait は

194

「見る」という行為が継続的にとらえられているのに対して, est entrée では「入る」という行為が瞬間的なものとしてとらえられています. このように過去の行為・状態で, 継続・反復されたものは半過去形で, 一時的なものは複合過去形であらわされます.

また, 半過去形の働きが何よりも継続をあらわし, 過去の事柄を持続としてとらえることは, dormir, marcher など持続的行為を示す動詞のばあいによくわかります. Il *dormait* bien.「彼はよく眠っていた」(持続: 未完了 → 半過去形). これに対し, Il *a* bien *dormi.* は「彼はよく眠りました」(完了 → 複合過去形).

なお, sortir, mourir など, ある到達点をもつ動作を示す動詞でも意味にちがいがあらわれることがあります. Il *sortait.* は sortir という行為が未完了の状態にあったことを示すもので, 「彼は外出しようとしていた」. Il *est sorti.* は「彼は外出しました」. 同様に, Il *mourait.* というと, 「彼は死にかけていた」; Il *est mort.* は「彼は死にました」の意味.

練習 32

A. ( ) 内の動詞を直説法半過去形において, 和訳しなさい.

1. Elle (avoir)＿＿＿ six ans quand la guerre a éclaté.

2. Que (faire)＿＿＿-vous quand le téléphone a sonné?

3. Le temps (être)＿＿＿ couvert, il (aller)＿＿＿ pleuvoir.

4. Quand nous (habiter)＿＿＿ à la campagne, nous (faire)＿＿＿ une promenade chaque matin.

B. つぎの文を仏訳しなさい.

1. 列車が駅に着いたとき, まだ雪が降っていました.

2. 弟がぼくの部屋 (chambre 囡) へ入って来たとき, ぼくはラジオをきいて (écouter la radio) いました.

33 Mes amitiés aux vôtres.

A. 直説法大過去形

① その構成

> 直説法大過去形 ＝
> 　　助動詞 (avoir または être) の直説法半過去形＋過去分詞

◆ aimer の大過去形　🎧

j'avais　aimé ジャヴェゼメ	nous **avions**　**aimé** ヌーザヴィヨンゼメ
tu **avais aimé** テュ　アヴェ　　エメ	vous **aviez**　**aimé** ヴーザヴィエゼメ
il **avait aimé** イラヴェテメ	ils　**avaient aimé** イルザヴェテメ

◆ partir「出発する」の大過去形　🎧

j'**étais**　**parti[e]** ジェテ　　　パルティ	nous **étions**　**parti[e]s** ヌーゼティョン　パルティ
tu **étais parti[e]** テュ　エテ　パルティ	vous **étiez**　**parti[e][s]** ヴーゼティエ　パルティ
il **était parti** イレテ　パルティ	ils　**étaient partis** イルゼテ　パルティ

◆ se lever「起きる」の大過去形

je **m'étais**　**levé[e]** ジュ　メテ　　ルヴェ	nous **nous étions levé[e]s** ヌー　　ヌーゼティョン　ルヴェ
tu **t'étais**　**levé[e]** テュ　テテ　　ルヴェ	vous **vous étiez**　**levé[e][s]** ヴー　ヴーゼティエ　ルヴェ
il **s'était**　**levé** イル　セテ　　ルヴェ	ils　**s'étaient**　　**levés** イル　セテ　　　ルヴェ

② 直説法大過去形の用法

a. 過去のある時点においてすでに完了していた行為や，完了した行為の結果として生じた状態をあらわします．このばあい，過去のある時点は複合過去形などで示されます． 🎧

Quand je suis arrivé à la gare, le rapide *était* déjà *parti*.
<small>カン　ジュ スュイザリヴェ ア ラ ガール ル ラピードゥ エテ デジャ パルティ</small>

　　　　　私が駅へ着いたとき，特急列車はもう発車してしまっていた．

J'ai perdu le parapluie que vous m'*aviez prêté* l'autre jour.
<small>ジェ ペルデュ ル パラプリュイ ク ヴー マヴィエ プレテ ロートル ジュール</small>

　　　　　あなたが先日貸してくださった傘を私はなくしてしまいました．

b. 直説法半過去形であらわされた過去の反復・習慣的行為に先立って行なわれていた反復・習慣的行為をあらわします． 🎧

Quand nous *avions dîné*, nous allions nous promener au
<small>カン　ヌーザヴィヨン ディネ ヌーザリョン ヌー プロムネ オー</small>
bord de la mer.
<small>ボール ドゥ ラ メール</small>

　　　　　私たちは夕食をすますと，いつも海岸へ散歩に出かけたものでした．

c. 主節が過去時制におかれているとき，間接話法の従属節で主節に先立つ行為・状態，すなわち〈**過去における過去**〉をあらわします．

Il m'a écrit qu'il *avait été* très occupé. 🎧
<small>イル マ エクリ キラヴェテテ トレゾキュペ</small>

　　　　　彼はとても忙しかったという手紙を私に書いてよこしました．

注意　直説法半過去形の用法 ④ (☞ *p. 194*) のばあいと同じつかい方で，彼がその手紙で書いたのは《 J'*ai été* très occupé.》です．これが間接話法になると，〈時制の照応〉(☞ *p. 236*) によって，直接話法の複合過去形は直説法大過去形になります．

B. 所有代名詞

	男性単数形	女性単数形	男性複数形	女性複数形
私のもの	**le mien** ル ミヤン	**la mienne** ラ ミエンヌ	**les miens** レ ミヤン	**les miennes** レ ミエンヌ
きみのもの	**le tien** ル ティヤン	**la tienne** ラ ティエンヌ	**les tiens** レ ティヤン	**les tiennes** レ ティエンヌ
彼のもの 彼女のもの	**le sien** ル スィヤン	**la sienne** ラ スィエンヌ	**les siens** レ スィヤン	**les siennes** レ スィエンヌ
私たちのもの	**le nôtre** ル ノートル	**la nôtre** ラ ノートル	**les nôtres** レ ノートル	
あなたのもの あなた方のもの きみたちのもの	**le vôtre** ル ヴォートル	**la vôtre** ラ ヴォートル	**les vôtres** レ ヴォートル	
彼らのもの 彼女たちのもの	**le leur** ル ルール	**la leur** ラ ルール	**les leurs** レ ルール	

a. 所有代名詞は，一般に既出の名詞をうけて，〈所有形容詞＋名詞〉に代わります．うける既出の名詞が男性か女性か，単数か複数かに応じてそれに相当する上記の形が用いられます．

Son père et *le mien* se connaissent depuis longtemps.
ソン ペール エ ル ミヤン ス コネス ドゥピュイ ロンタン

(le mien＝mon père)

彼の父と私の父はずっと前からの知り合いです．

« Tout homme a deux patries : *la sienne* et Paris ».
トゥトム　ア　ドゥ　パトリ　ラ スィエンヌ エ

「どんな人でも2つの祖国をもっている．それは自分の祖国とパリ
である」

　　　* これはフランスの劇作家サッシャ・ギトリ（Sacha GUITRY）
　　　1885-1957 の言葉．なお，〈tout＋無冠詞の単数名詞〉は「どんな
　　　～でも」の意味．

b.　男性複数形 les miens, les tiens, … は（既出の名詞などとは関
係なく単独で）「家族，身内，仲間」などの意味に用いられることが
あります．

Mes amitiés *aux vôtres*.　お宅の皆さんによろしく．
メザミティエ　　オー ヴォートル

　　　* à, de＋所有代名詞のときは冠詞の縮約（☞ *p. 91*）に注意．

　　　* 所有形容詞の「私たちの」は notre,「あなたの」は votre で
　　　したが，「私たちのもの」，「あなたのもの」をあらわす所有代名詞
　　　では le nôtre, le vôtre のように定冠詞がつくこと，また o の上に
　　　アクサン・スィルコンフレックス（＾）がつくことに注意．

　　　* 所有形容詞（☞ *p. 83*）のばあいと同じように，男性・女性の
　　　別は，所有されるものを示す名詞の性によって きまるのであって，
　　　所有者が男であるか女であるかということとは関係がありません．

◆　savoir「知る」の現在形

je sais ジュ　セ	nous savons ヌー　サヴォン
tu sais テュ　セ	vous savez ヴー　サヴェ
il sait イル　セ	ils savent イル　サーヴ

練習　33

A. （　）内の動詞を直説法大過去形におき，和訳しなさい．

1.　Il (partir)＿＿＿＿ déjà ＿＿＿＿, quand je lui ai téléphoné.

2.　Pierre m'a dit qu'il (être)＿＿＿＿ malade.

3.　J'ai vu hier le jeune Français que vous me (présenter)＿＿＿＿＿ dimanche dernier.

B.　下線部の語を適当な所有代名詞におきかえなさい．

1.　C'est ma voiture ; ta voiture est dans le garage.

2.　Nos parents et leurs parents sont très intimes.

3.　Où sont vos enfants? Mes enfants sont à la campagne.

～からだの部分を示す単語～

tête テート	囡	頭	cou クー	男	首
cheveux シュヴー	男複	毛髪	main マン	囡	手
œil (yeux) ウーィユ　イュー	男 (複)	目	ventre ヴァントル	男	腹
oreille オレーィユ	囡	耳	genou ジュヌー	男	ひざ
bouche ブーシュ	囡	口	jambe ジャンブ	囡	脚
dents ダン	囡複	歯	pied ピエ	男	足

34 Le peuple de Paris attaqua la Bastille. 🎧56

　直説法の過去時制としては今までに，複合過去形，半過去形，大過去形の３つの形を見てきました．過去時制にはさらにこのほかに単純過去形と前過去形とよばれる形があります．

　これから学ぶその単純過去形は今日では書きことばでしか用いられません．したがってもっぱら日常会話を学びたいというのであれば単純過去形は知らなくてもすむかもしれません．しかし，フランス語の勉強は会話がすべてではありません．それどころかフランスの小説や詩を原語で読んでみたいという動機からフランス語の勉強をはじめた方も少なくないと思います．

　そうした点から，単純過去形もおろそかにはできません．ただ，単純過去形には，綴りも発音もやっかいな活用形が少なくありません．少なくとも基本動詞の活用形だけはおぼえておきましょう．

A.　直説法単純過去形

　□1　単純過去形の語尾３型

単純過去形の語尾は，つぎの３つの型に分けられます．

a 型： -er 動詞の全部，aller
i 型： -ir 動詞と -re 動詞の大部分（例外：venir, tenir）
u 型： -oir 動詞の大部分，être, avoir

◆　aimer の単純過去形（a 型）

j'aim*ai* ジェメ	nous aim*âmes* ヌーゼマーム
tu aim*as* テュ　エマ	vous aim*âtes* ヴーゼマート
il aim*a* イレマ	ils aim*èrent* イルゼメール

◆ finir の単純過去形 (i 型)

je	fin*is*
ジュ	フィニ
tu	fin*is*
テュ	フィニ
il	fin*it*
イル	フィニ
nous	fin*îmes*
ヌー	フィニーム
vous	fin*îtes*
ヴー	フィニート
ils	fin*irent*
イル	フィニール

◆ pouvoir の単純過去形 (u 型)

je	p*us*
ジュ	ピュ
tu	p*us*
テュ	ピュ
il	p*ut*
イル	ピュ
nous	p*ûmes*
ヌー	ピューム
vous	p*ûtes*
ヴー	ピュート
ils	p*urent*
イル	ピュール

◆ venir の単純過去形

je	vins
ジュ	ヴェン
tu	vins
テュ	ヴェン
il	vint
イル	ヴェン
nous	vînmes
ヌー	ヴェンム
vous	vîntes
ヴー	ヴェント
ils	vinrent
イル	ヴェンル

◆ être の単純過去形

je	fus
ジュ	フュ
tu	fus
テュ	フュ
il	fut
イル	フュ
nous	fûmes
ヌー	フューム
vous	fûtes
ヴー	フュート
ils	furent
イル	フュール

◆ avoir の単純過去形

j'eus	
ジュー	
tu	eus
テュ	ウー
il	eut
イルゥー	
nous	eûmes
ヌーズューム	
vous	eûtes
ヴーズュート	
ils	eurent
イルズュール	

② 単純過去形の用法

もっぱら書きことばで用いられ，会話では用いられません.

a. 過去において完了した一時的な行為をあらわします.

Le 14 juillet 1789, le peuple de Paris *attaqua*
ル カトルズ ジュイエ ミルセッサンカトルヴァンヌフ ル プープル ドゥ アタッカ

la Bastille et la *prit*.
ラ バスティーユ エ ラ プリ

　　　1789年7月14日，パリの民衆はバスチーユ〔の牢獄〕を攻撃して，こ
　　れを奪取した.

b. 文学作品などの過去の叙述では，継起した事柄は一般に単純過去
形によって叙述され，情景は直説法半過去形で描写されます.

Tout à coup le vent *fraîchit*. La montagne *devint* violette :
トゥタクー ル ヴァン フレーシ ラ モンターニュ ドゥヴァン ヴィオレット

c'était le soir.
セテ ル ソワール

　　　突然，風が冷たくなった. 山は紫色になった. 夕暮れだった.

③ 単純過去形と複合過去形，半過去形とのちがい

単純過去形も複合過去形も，過去において完了した一時的な行為を
あらわす点では同じですが，複合過去形のばあいは，過去の行為の結
果が何らかの意味で現在につながっているのに対して，単純過去形は
ある行為が行なわれたという事実だけを，現在とは切り離して客観的，
叙事的に述べます.

単純過去形は書きことばの過去で，会話では用いられませんが，複
合過去形は会話などもっぱら話しことばで用いられます.

また，単純過去形が原則として過去において行なわれた瞬間的行為
をあらわすのに対して，直説法半過去形は過去においてある行為が行
なわれつつあった継続の状態をあらわします. つまり，単純過去形は
過去における点行為をあらわし，直説法半過去形は線行為をあらわす
ということができます.

B. 直説法前過去形

1 前過去形の構成

> 前過去形 ＝ 助動詞 (avoir・être) の単純過去形＋過去分詞

◆ finir の前過去形

j'eus fini	nous eûmes fini
ジゥー フィニ	ヌーズューム フィニ
tu eus fini	vous eûtes fini
テュ ウー フィニ	ヴーズュート フィニ
il eut fini	ils eurent fini
イルゥー フィニ	イルズュール フィニ

◆ aller の前過去形

je fus allé[e]	nous fûmes allé[e]s
ジュ フュザレ	ヌー フュームザレ
tu fus allé[e]	vous fûtes allé[e][s]
テュ フュザレ	ヴー フュートゥザレ
il fut allé	ils furent allés
イル フュタレ	イル フュールタレ

◆ おもな動詞の前過去3人称単数形

dire	言う	: il eut dit	[イルゥーディ]
écrire	書く	: il eut écrit	[イルゥーテクリ]
faire	する	: il eut fait	[イルゥーフェ]
mettre	置く	: il eut mis	[イルゥーミ]
prendre	取る	: il eut pris	[イルゥープリ]
voir	見る	: il eut vu	[イルゥーヴュ]
partir	出発する	: il fut parti	[イルフュパルティ]
sortir	外出する	: il fut sorti	[イルフュソルティ]

2 前過去形の用法

前過去形は一般に従属節中に用いられ，単純過去形で示される主節の行為の直前に完了した行為を示します．このばあい，前過去形は quand, lorsque, dès que…「…とすぐに」などに先立たれることが少なくありません．前過去形は単純過去形のばあいと同様に，書きことばでしか用いられません．

Quand le garçon *eut apporté* les mets demandés, le monsieur
カン　ル　ガルソン　ウータポルテ　レ　メ　ドゥマンデ　ル　ムスィウ
déplia sa serviette.
デプリャ　サ セルヴィエット

　　　　ボーイが注文された料理をもってくると，その男の人はナプキンをひろげた．

Dès que Jeanne *fut partie*, le bébé se mit à pleurer.
デ　ク　ジャンヌ　フュ　パルティ　ル　ベベ　ス　ミタ　プルーレ

　　　　　　　　　　ジャンヌが出かけるとすぐに赤ん坊は泣きだした．

練習　34

全文を訳し，下線の各動詞の時制とその不定詞を記しなさい．

Après que l'imprimerie eut été[1] inventée, les livres des anciens, Grecs et Romains, furent[2] imprimés, et beaucoup d'hommes purent[3] les lire. C'étaient[4] de très beaux livres, car il y avait eu[5] dans les temps anciens des hommes qui avaient étudié[6] la nature et l'humanité.

Au même moment, on étudia[7] et on admira les statues des sculpteurs, et les monuments des architectes grecs et romains. Alors il sembla que les lettres et les arts de l'antiquité, qui avaient été[8] comme morts au temps de la féodalité, renaissaient[9]. C'est pourquoi on appelle[10] le temps où on les admira de nouveau le temps de la « Renaissance des lettres et des arts ».

35 Elle m'a dit qu'elle serait rentrée avant le dîner.

🔊 57

　これまでに見てきた動詞のいくつかの時制は，すでに説明したとおり，いずれも現実の行為をありのままに述べる直説法という叙法に属するものでした．

　ところで，これから学ぶ〈条件法〉は，現在の事実に反する仮定の事柄を述べる叙法です．

　なお，条件法には現在形と過去形の2つの時制があります．

A.　条件法現在形の構成

　条件法現在形は，直説法単純未来形の語幹に，〈r＋直説法半過去形の語尾〉を添えた形です．つまり，単純未来形の語尾 (☞ *p. 141*)：
-rai, -ras, -ra, -rons, -rez, -ront を，
-rais, -rais, -rait, -rions, -riez, -raient に変えた形です．

<table>
<tr><td colspan="4" align="center">条件法現在形の語尾</td></tr>
<tr><td>je</td><td>___-rais</td><td>nous</td><td>___-rions</td></tr>
<tr><td>tu</td><td>-rais</td><td>vous</td><td>-riez</td></tr>
<tr><td>il</td><td>-rait</td><td>ils</td><td>-raient</td></tr>
</table>

<table>
<tr><td colspan="4" align="center">語尾の発音</td></tr>
<tr><td>je</td><td>___[レ]</td><td>nous</td><td>___[リヨン]</td></tr>
<tr><td>tu</td><td>___[レ]</td><td>vous</td><td>___[リエ]</td></tr>
<tr><td>il</td><td>___[レ]</td><td>ils</td><td>___[レ]</td></tr>
</table>

◆　aimer の条件法現在形　🎧

j'aime*rais* ジェームレ	nous aime*rions* ヌーゼームリヨン
tu aime*rais* テュ　エームレ	vous aime*riez* ヴーゼームリエ
il aime*rait* イレームレ	ils aime*raient* イルゼームレ

206

◆　vouloir「望む」の条件法現在形　🎧

je voudrais	nous voudrions
ジュ　ヴードレ	ヌー　ヴードリヨン
tu voudrais	vous voudriez
テュ　ヴードレ	ヴー　ヴードリエ
il voudrait	ils voudraient
イル　ヴードレ	イル　ヴードレ

◆　être の条件法現在形　🎧

je serais	nous serions
ジュ　スレ	ヌー　スリヨン
tu serais	vous seriez
テュ　スレ	ヴー　スリエ
il serait	ils seraient
イル　スレ	イル　スレ

◆　avoir の条件法現在形　🎧

j'aurais	nous aurions
ジョーレ	ヌーゾーリヨン
tu aurais	vous auriez
テュ　オーレ	ヴーゾーリエ
il aurait	ils auraient
イローレ	イルゾーレ

◆　その他若干の動詞の条件法現在形

aller 　: j'irais,... 　　　　nous irions, 　　　vous iriez,...
　　　　　ジィレ 　　　　　　ヌーズィリヨン 　　　ヴーズィリエ

faire 　: je ferais,... 　　　nous ferions, 　　　vous feriez,...
　　　　　　フレ 　　　　　　フリヨン 　　　　　　フリエ

pouvoir : je pourrais,... nous pourrions, vous pourriez,...
　　　　　　プーレ 　　　　　　プーリヨン 　　　　　　プーリエ

207

B. 条件法過去形の構成

条件法過去形 = 助動詞の条件法現在形*＋過去分詞

◆ finir「終わる」の条件法過去形 🎧

j'aurais fini	nous aurions fini
ジョーレ フィニ	ヌーゾーリヨン フィニ
tu aurais fini	vous auriez fini
テュ オーレ フィニ	ヴーゾーリエ フィニ
il aurait fini	ils auraient fini
イローレ フィニ	イルゾーレ フィニ

◆ vouloir「望む」の条件法過去形 🎧

j'aurais voulu	nous aurions voulu
ジョーレ ヴーリュ	ヌーゾーリヨン ヴーリュ
tu aurais voulu	vous auriez voulu
テュ オーレ ヴーリュ	ヴーゾーリエ ヴーリュ
il aurait voulu	ils auraient voulu
イローレ ヴーリュ	イルゾーレ ヴーリュ

◆ partir「出発する」の条件法過去形 🎧

je serais parti[e]	nous serions parti[e]s
ジュ スレ パルティ	ヌー スリヨン パルティ
tu serais parti[e]	vous seriez parti[e][s]
テュ スレ パルティ	ヴー スリエ パルティ
il serait parti	ils seraient partis
イル スレ パルティ	イル スレ パルティ

* 他動詞のすべてと自動詞の多くは〈助動詞 avoir の条件法現在形＋過去分詞〉；場所・状態の変化を示す自動詞と代名動詞の全部では〈助動詞 être の条件法現在形＋過去分詞〉(☞ *p. 127*)

C. 条件法の用法

条件法は $\left\{\begin{array}{l}\boxed{1}\ 時制\\\boxed{2}\ 叙法\end{array}\right\}$ としての用法に大別されます.

1 時制としての条件法

主節の動詞がなんらかの過去時制におかれていて，その過去の時点から見て未来に属する事柄を従属節中であらわすには条件法現在形を，過去における未来の一時点にすでに完了しているはずの行為・状態を従属節中であらわすには条件法過去形が用いられます.

なお，時制としての条件法は従属節で用いられます.

以上の時制としての条件法のまとめと，参考までに主節が直説法現在形のばあいの時制との比較を例文で見てみましょう.

a. 条件法現在形は〈**過去から見た未来**〉をあらわします.

　　（主節が直説法現在形のときの直説法単純未来形に相当）

Avant l'examen d'entrée, je croyais[1] qu'il y *passerait*.[2]
　アヴァン　レクザマン　　ダントレ　ジュ クロワィエ　　キリイ　　　パスレ

[1] croire：直説法半過去形　[2] passer：条件法現在形)

入試前には，彼は試験にパスするだろうと私は思っていました.

Je crois[3] qu'il passera[4] à l'examen d'entrée.

[3] croire：直説法現在形　[4] passer：直説法単純未来形)

彼は入試にパスするだろうと私は思います.

b. 条件法過去形は〈**過去から見た未来完了**〉をあらわします.

　　（主節が直説法現在形のときの直説法前未来形に相当）

Elle m'a dit[5] qu'elle *serait rentrée*[6] avant le dîner.
　エル　マ　ディ　　ケル　　スレ ラントレ　アヴァン ル ディネ

[5] dire：直説法複合過去形　[6] rentrer：条件法過去形)

彼女は夕食までにはもどるだろうと私に言いました.

Elle me dit[7] qu'elle sera rentrée[8] avant le dîner.

彼女は夕食までにもどっているだろうと私に言います.

練習　35

A. 直説法現在形におかれた下線部の動詞を条件法現在形に変えなさ
い.

1. <u>Pouvez</u>-vous me prêter de l'argent?

2. Je <u>veux</u> parler à M. Vincent.　(vouloir)

3. Il <u>faut</u> demander sa permission.

4. Est-ce que lundi vous <u>convient</u>?　(convenir)

B. つぎの2つの文について下記の指示に答えなさい.

a. Elle me dit qu'elle viendra ce soir.

b. Elle me dit qu'elle sera venue avant midi.

1. *a, b* 各文の意味を言いなさい.

2. 各文の主節の動詞を複合過去形におきかえ, それに伴って従属節
の動詞を適当な法と時制におきなさい.

3. おきかえた各文の意味を言いなさい.

36 Je voudrais vous voir demain.

② 叙法としての条件法

条件法は，仮定的・非現実的な動作をあらわすばあいに，叙法として扱われます．叙法としての条件法，いわゆる本来の条件法は主節中で用いられます．

条件を示す節を条件節，その条件のもとに起こりうる結果をあらわす節を主節とよび，この2つの節が組み合わされたものを条件文といいます．

a. 条件文の主節中で用いられる条件法

1.　現在または未来の事実に反する仮定を示すには直説法半過去形を用い，その仮定が実現されたばあい，現在または未来に起こりうる結果は条件法現在形であらわされます．

S'il faisait beau aujourd'hui (demain), je *sortirais*.
スィル　フゼ　ボー　オージュルデュイ　ドゥマン　ジュ ソルティレ

今日(明日)天気がよければ，出かけるのですが．

2.　過去の事実に反する仮定を示すには直説法大過去形を用い，その仮定が実現されたばあい，過去において起こりえた結果は条件法過去形であらわされます．

S'il avait fait beau hier, je *serais sorti*.
スィラヴェ　フェ　ボー　イエール ジュ スレ　ソルティ

昨日天気がよかったら，出かけたのですが．

上記の条件節と主節における時制の組み合わせは要約すると，つぎのとおりです．

　　条件節(従属節)　　　　　　　主　　節
si＋直説法半過去形........条件法現在形 (現在・未来の仮定)
si＋直説法大過去形........条件法過去形 (過去の仮定)

注意 未来の事柄についての，実現可能な単なる仮定とその結果はつぎの時制の組み合わせであらわします．

si＋直説法現在形＿＿＿＿＿直説法単純未来形

S'il vient, je lui *parlerai*. あの人が来たら，話しましょう．
スィル ヴィヤン ジュ リュイ パルルレ

si のあとでは未来のことをあらわすのにも現在形をつかうことに注意しましょう．

なお，今述べた例文で，条件法をつかうと，条件の実現に疑いをもった表現になります．

S'il venait, je lui *parlerais*.
スィル ヴネ ジュ リュイ パルルレ

あの人がもし来たら，話すのですが．

注意 条件節は必ずしも si「もし…ならば」によって導かれるとは限らず，さまざまな形で示されます．

Avec un peu plus d'effort, il réussirait.
アヴェッカン プー プリュ デフォール イル レュスィレ

(avec は s'il avait の意味の条件節に相当)
もう少し努力すれば，彼は成功するのですが．

Je serais malheureux *sans* toi.
ジュ スレ マルルー サン トワ

(sans toi は si tu n'étais pas の意味の条件節に相当)
きみがいなければ，ぼくは不幸だろう．

Sans votre aide, il n'aurait pas pu accomplir ce travail.
サン ヴォートル エード イル ノーレ パ ピュ アコンプリール ストラヴァイユ

あなたの助けがなかったら，彼はその仕事を仕上げることができなかったでしょう．

b. 条件節のない条件法

条件法は独立的に用いられることがあります. この用法は推測や疑惑をあらわしたり, 語調を緩和したりします.

1. **推測・疑惑**をあらわすばあい

Elle est absente : elle *serait* malade.　　　🎧
　エレタプサント　　　　エル　スレ　マラード

　　　　　　　　　彼女は欠席しています. たぶん病気でしょう.

D'après le journal, le tremblement de terre *aurait détruit*
　ダプレ　ル ジュールナル ル　トランブルマン　ドゥ テール　オーレ デトリュイ

quelques dizaines de maisons.
　ケルク　ディゼーヌ ドゥ　メゾン

　　　　　　　新聞によると, 地震のために数十軒の家屋が破壊された模様である.

2. **語調緩和**のため

日常会話や手紙文では, 語調緩和のため, しばしば条件法を含んだ言いまわしが用いられます. これは意志・願望などを示す動詞を直説法であらわすと語気が強くなるのをさけるためで, 「できれば…」の気持が含まれ, 丁寧な言いまわしになります.

つぎのような言いまわしはとくに会話でよく用いられますから, その用法をおぼえておきましょう.

Je voudrais＋不定詞 　ジュ　ヴードレ **Je désirerais**＋不定詞 　ジュ　デズィルレ	「～したいのですが」
Voudriez-vous＋不定詞? 　ヴードリエ　　ヴー **Pourriez-vous**＋不定詞? 　プーリエ　　ヴー	「～していただけませんか?」

Je voudrais vous voir demain.
ジュ ヴードレ ヴー ヴォワール ドゥマン

明日あなたにお目にかかりたいのですが.

Voudriez-vous bien me répondre le plus tôt possible?
ヴードリエ ヴー ビエン ム レポンドル ル プリュ トー ポスィブル

できるだけ早くお返事をいただけませんか?

Pourriez-vous m'indiquer le chemin de la gare?
プーリエ ヴー マンディケ ル シュマン ドゥ ラ ガール

駅にゆく道を教えていただけませんか?

La ronde autour du monde

Paul FORT[1]

Si toutes les filles du monde voulaient s'donner[2] la main,
スィ トゥートゥ レ フィーユ デュ モーンドゥ ヴーレ スドネ ラ マン

tout autour de la mer elles pourraient faire une ronde.
トゥトォトゥール ドゥ ラ メール エル プーレ フェーリュヌ ローンドゥ

Si tous les gars[3] du monde voulaient bien êtr'marins,[4]
スィ トゥ レ ガー デュ モーンドゥ ヴーレ ビェンネートル マラン

ils f'raient[5] avec leurs barques un joli pont sur l'onde.
イル フレ アヴェック ルール バルク アン ジョリ ポン スュール ローンドゥ

Alors on pourrait faire une ronde autour du monde,
アロール オン プーレ フェーリュヌ ローンドゥ オートゥール デュ モーンドゥ

si tous les gens du monde voulaient s'donner la main.
スィ トゥ レ ジャン デュ モーンドゥ ヴーレ スドネ ラ マン

世界を取りまく輪舞（ロンド）
もしも世界中の娘たちが, 互いに手を取りあうならば,
海をぐるっと取りまいて, ロンド踊りができるだろうに.
もしも世界中の子供たちが, みんな船乗りになるならば,
彼らの船で, 波の上にきれいな橋ができるだろうに.
だから, もしも世界中の人たちが, みんなで手をつなぐなら,
世界のまわりをぐるっとまわって, ロンド踊りができるだろうに.

窪田般彌訳『ミラボー橋の下をセーヌが流れ』(白水社)より

1) フランス象徴派の詩人 (1872-1960). この詩は « Ballades françaises » (1897) に収録. 2) s'donner: se donner la main 「手を取り合う」. 3) gars: [gɑ]. garçons の古形. 4) êtr'marins: êtr'=être. ここでは「船乗りになる」. 5) f'raient: =feraient.

練習 **36**

A. つぎの文をフランス語で言ったあと, 文字で書きなさい.

1. あなたの電話番号 (numéro 圐 de téléphone) を教えて (donner) いただけませんか?

2. あなたに質問したいのですが. (「ある人に質問する」poser une question à *qn*)

3. すぐに (tout de suite) 私に会いに来ていただけませんか?

B. つぎの文中の ( ) 内の動詞を文意に応じて, 適当な法と時制におきなさい.

1. S'il (faire)＿＿＿＿ moins froid, je sortirais.

2. Il (aller)＿＿＿＿ avec vous s'il n'avait pas été malade.

3. Si j'avais le temps aujourd'hui, je (aller)＿＿＿＿ faire des courses en ville.

　　　(aller faire des courses「買物に行く」)

37 En lisant, on apprend beaucoup de choses. 59

A. 現在分詞

① 現在分詞の構成

現在分詞はすべて〈-ant〉の形をとります. ほとんどの動詞は直説法現在1人称複数形 nous ～ons の語尾 -ons を〈-ant〉にかえれば現在分詞がえられます.

		直説法現在形		現在分詞
aimer	愛する →	nous aimons	→	**aimant** エマン
obéir	従う →	nous obéissons	→	**obéissant** オベイサン
descendre	下りる →	nous descendons	→	**descendant** デサンダン

ただし, つぎの3つの動詞だけは例外で, 特別な形をとります.

être → **étant,** avoir → **ayant,** savoir「知る」→ **sachant**
エタン　　　　　　エィヤン　　　　　　　　　　　　　　サシャン

また, 代名動詞の現在分詞は se lever → se levant です.

② 現在分詞と動詞状形容詞

現在分詞と, すでに学んだ過去分詞はあわせて〈分詞法〉(participe) とよばれます. いずれも動詞と形容詞の性質を同時に participer「分けもつ」ところからこの名称が出ています. そして:

1. -ant の形で性・数の変化をしないものを現在分詞.
2. -ant の形で, それが修飾する名詞・代名詞に応じて性・数の変化をするまったく形容詞化したものを動詞状形容詞といいます.

なお，両者の識別の手がかりはつぎのいくつかの点にあります．

つぎのばあいは現在分詞：
1) 原則として，〈～ant＋副詞〉の語順をとるとき
2) 直接目的語を伴うとき
3) 否定の ne に先立たれるとき
4) 代名動詞のとき
5) ジェロンディフ（☞ p. 219）

つぎのばあいは動詞状形容詞：
1) 原則として，〈副詞＋～ant〉のとき
2) 名詞に先行するとき
3) 主語の属詞となるとき

現在分詞の例：
Elle est une fille *obéissant* à ses parents.
エレ テュヌ　フィーユ オベイサン　ア　セ　　パラン

彼女は両親のいうことをよくきく娘です．

動詞状形容詞の例：
Elle est bien *obéissante*.　彼女はひじょうに従順です．
エレ　　　ビエンノベイサント

③　現在分詞の用法
現在分詞は書きことばで用いられ，日常会話ではほとんどつかわれません．

a. 現在分詞は，主節中の名詞・代名詞に形容詞的に働き，qui ではじまる関係詞節に代わります．

On voit les jeunes gens *jouant* au tennis.（jouant＝qui jouent）
オン ヴォワ レ　ジュヌ　ジャン ジュアン　オ　テニス

テニスをしている若者たちの姿が見えます．

b.　さまざまな副詞節に代わって，同時性・理由・条件などの意味を
あらわします.

Il se promenait, *rêvant* à son amie.
イル ス　　　プロムネ　　　レヴァン ア　ソンナミ

彼は恋人のことを思いながら散歩していた. (同時性)

Travaillant mieux, tu réussiras à ton examen.
トゥラヴァイヤン ミュ　テュ レュスィラ ア トンネグザマン

もっとよく勉強すれば，きみは試験に合格するだろう. (条件)

注意　現在分詞は，「現在」という名称にかかわらず，現在・過去・
未来における動作を示し，つねに主動詞と同時の行為をあらわし
ます.

Je le vois *fumant*. Je l'ai vu *fumant*. Je le verrai
ジュ ル ヴォワ フュマン　ジュ レ ヴュ　　　　　ヴェレ

fumant.　彼が煙草をすっているのを私は見る・見た・見るだろう.

<u>4</u>　**現在分詞複合形**

現在分詞には，〈助動詞の現在分詞（étant または ayant）＋過去分
詞〉で構成される複合形があり，動作の完了を示します.

Ayant dîné, mon frère a ouvert la télévision.
エィヤン ディネ　モン フレール ア ウーヴェール ラ テレヴィズィョン

夕食をすませると，弟はテレビをつけた.

<u>5</u>　**絶対分詞構文**

現在分詞（および過去分詞）が，主節の主語とは別の独自の主語をも
つばあい，これを〈絶対分詞構文〉とよびます. 絶対とは，形の上で
主節と絶ち切れ，独立しているという意味です. この構文では，主語
は原則として名詞で，多くは理由をあらわします. また，この構文で
は étant, ayant été はしばしばはぶかれます.

Le dîner [*étant*] *fini*, son père alla se promener.
ル　ディネ　エタン　フィニ　ソン　ペール　アラ　ス　　プロムネ

夕食が終わると，彼の父は散歩に出かけた.

Cécile *étant sortie*, je n'ai pas pu la voir.
セスィール　エタン　ソルティ　ジュ　ネ　　パ　ピュ　ラ　ヴォワール

セシールは外出していたので，私は彼女に会うことができなかった.

B.　ジェロンディフ

1　ジェロンディフの構成 ＝〈前置詞 **en**＋現在分詞〉

écouter「聞く」$\begin{cases} \text{écoutant} & \text{（現在分詞）} \\ \textbf{en écoutant} & \text{（ジェロンディフ）} \end{cases}$

2　ジェロンディフの用法

ジェロンディフは，現在分詞とはちがって会話でもつかいます.

　ジェロンディフは文全体にかかる副詞節の役割をつとめます. 主語はつねに主節の主語と同じで，主節の動作と同時に行なわれる動作，つまり同時性「〜しながら」をあらわしますが，そのほか手段(方法)・条件などさまざまな意味をあらわします.

Odile m'a répondu *en pleurant*.
オディル　マ　　レポンデュ　アン　プルラン

オディルは泣きながら私に答えました.（同時性）

En lisant, on apprend beaucoup de choses.
アン　リザン　　オンナプラン　　ボークー　ドゥ　ショーズ

読書をすることによって，人は多くのことを学ぶ.（手段）

En cherchant bien, vous trouverez.
アン　シェルシャン　ビエン　ヴー　トルーヴレ

よく捜せば，見つかるでしょう.（条件）

219

③ 現在分詞とジェロンディフの区別

現在分詞とジェロンディフは，形の上では en に先立たれるか否か
によって容易に区別されますが，働きの上では厳密に区別をつけるこ
とは困難で，どちらをつかっても意味にほとんど差のないばあいが少
なくありません．ただ，つぎの相異をおぼえておきましょう．

現在分詞は，動詞と形容詞の働きを兼ねるもので，その関係する名
詞・代名詞を修飾します．現在分詞の主語は，主節の主語のほか目的
語であってもさしつかえありません．

ジェロンディフは，動詞と副詞の働きを兼ねるもので，en ～ant
の形で状況補語をつくり，主動詞のあらわす行為を限定します．ジェ
ロンディフの主語は主動詞の主語と同じです．

Je l'ai vu *descendant* l'escalier.

　　　　　　　私は階段を下りてゆく彼を見ました．（現在分詞の主語は l'=le）

Je l'ai vu *en descendant* l'escalier.

　　　　私は階段を下りるときに彼を見ました．（ジェロンディフの主語は je）

練習　37

A. （　）内の動詞を現在分詞におきかえ，全文を訳しなさい．

1. Il cherche une dactylo (savoir)＿＿＿＿ le français.

2. Je l'ai vue (lire)＿＿＿＿ près de la fenêtre.

3. (Etre)＿＿＿＿ très occupé, je dois rester chez moi.

B. 下線部の語の代わりに，ジェロンディフをつかった文に書きかえ
なさい．

1. Si vous prenez le métro, vous arriverez à temps.

2. Pendant que j'attendais l'autobus, j'ai rencontré Paul.

38 Il faut que je parte. \widehat{60}

　たとえば，「私はスペイン語のできるタイピストを知っています」
という文をフランス語に移すと：

Je connais une dactylo qui *sait* l'espagnol.　となります.

　「スペイン語のできる」はほかにもあらわし方がありますが，ここ
では savoir をつかってみましょう. このばあい，「スペイン語のでき
る」は現実の事柄ですから savoir の直説法現在形であらわします.

　これに対して，「私はスペイン語のできるようなタイピストをさが
しています」という文はフランス語では：

Je cherche une dactylo qui *sache* l'espagnol.　と言います.

　このばあい，「スペイン語のできるような」は単に話者の頭の中で
考えられた事柄で，実際にそのようなタイピストがいるかどうかはわ
かりません. そこで，「スペイン語のできるような」は観念の世界を
描く〈接続法〉がつかわれ，savoir の接続法現在形で示されます. 接
続法が具体的にどのようなばあいに用いられるかについては，用法の
項で学びます.

　接続法には，現在形，過去形，半過去形，大過去形の４つの時制が
あります.

A. 接続法現在形の構成

　接続法現在形の語尾は，être と avoir を除いて，つぎに表示する
形をとります. 語幹の多くは直説法現在３人称複数形の語尾 -ent を
はぶけばえられます. ただし，語幹は動詞によってそれぞれ複雑に形
が変わりますから，個々の動詞についておぼえることが必要です. な
お，接続法は原則として接続詞 que を先立てた形で従属節でつかわ
れるところから，その活用形は que je..., que tu... の形で示される
ことが少なくありません.

接続法現在形に共通の語尾				語尾の発音		
je	**-e**	nous	**-ions**	je ___[発音せず]	nous ___[イオン]
tu	**-es**	vous	**-iez**	tu ___[発音せず]	vous ___[イエ]
il	**-e**	ils	**-ent**	il ___[発音せず]	ils ___[発音せず]

◆　aimer の接続法現在形

que j'aim*e*	que nous aim*ions*	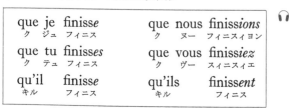
ク　　ジェーム	ク　　　ヌーゼミヨン	
que tu aim*es*	que vous aim*iez*	
ク　テュ　エーム	ク　　ヴーゼミエ	
qu'il　aim*e*	qu'ils　　aim*ent*	
キレーム	キルゼーム	

> ＊　共通の語尾表示をもういちど見てみましょう. je, tu, il, ils
> の語尾は〈-er 動詞の直説法現在形〉の語尾と同じ形, nous, vous
> の語尾は〈直説法半過去形〉の語尾と同じ形であることを頭に入
> れておきましょう.

◆　finir「終える」の接続法現在形

que je finiss*e*	que nous finiss*ions*
ク　ジュ　フィニス	ク　　ヌー　　フィニスィヨン
que tu finiss*es*	que vous finiss*iez*
ク　テュ　フィニス	ク　　ヴー　　スィニスィエ
qu'il　finiss*e*	qu'ils　　finiss*ent*
キル　　フィニス	キル　　　フィニス

> ＊　これからあと, この本では接続法の活用形は que をはぶいた
> 形で示します.

◆ être の接続法現在形

je sois ジュ ソワ	nous soyons ヌー ソヴィヨン
tu sois テュ ソワ	vous soyez ヴー ソヴィエ
il soit イル ソワ	ils soient イル ソワ

◆ avoir の接続法現在形

j'aie ジェ	nous ayons ヌーゼィヨン
tu aies テュ エ	vous ayez ヴーゼィエ
il ait イレ	ils aient イルゼ

　接続法現在形のばあい，〈語尾〉は若干の例外を除いてほぼ一定しているのに対して，〈語幹〉はさまざまな形に変わります.

　ここでは例外的な語幹をもつ動詞を中心に，比較的使用頻度の高い動詞の接続法現在形をあげておきます.

◆ aller の接続法現在形

j'aill*e* ジァィユ	nous all*ions* ヌーザリヨン
tu aill*es* テュ アィユ	vous all*iez* ヴーザリエ
il aill*e* イラィユ	ils aill*ent* イルザィユ

　　＊　nous, vous のとき，語幹 (all-) は直説法現在形と同じ.

223

◆　partir「出発する」の接続法現在形

je parte ジュ　パルト	nous partions ヌー　パルティヨン
tu partes テュ　パルト	vous partiez ヴー　パルティエ
il parte イル　パルト	ils partent イル　パルト

◆　faire「する」の接続法現在形

je fasse ジュ　ファス	nous fassions ヌー　ファスィヨン
tu fasses テュ　ファス	vous fassiez ヴー　ファスィエ
il fasse イル　ファス	ils fassent イル　ファス

◆　pouvoir「できる」の接続法現在形

je puisse ジュ　ピュイス	nous puissions ヌー　ピュイスィヨン
tu puisses テュ　ピュイス	vous puissiez ヴー　ピュイスィエ
il puisse イル　ピュイス	ils puissent イル　ピュイス

◆　savoir「知る」の接続法現在形

je sache ジュ　サシュ	nous sachions ヌー　サシヨン
tu saches テュ　サシュ	vous sachiez ヴー　サシエ
il sache イル　サシュ	ils sachent イル　サシュ

◆ prendre「乗る，食べる」の接続法現在形

je prenne ジュ プレンヌ	nous prenions ヌー プルニヨン
tu prennes テュ プレンヌ	vous preniez ヴー プルニエ
il prenne イル プレンヌ	ils prennent イル プレンヌ

◆ venir「来る」の接続法現在形

je vienne ジュ ヴィエンヌ	nous venions ヌー ヴニヨン
tu viennes テュ ヴィエンヌ	vous veniez ヴー ヴニエ
il vienne イル ヴィエンヌ	ils viennent イル ヴィエンヌ

注意　非人称動詞の接続法現在形

pleuvoir 「雨が降る」 → il pleuve
イル プルーヴ

falloir 「〜ねばならない」 → il faille
イル ファイユ

練習　38

（　）内の動詞を接続法現在形におき，全文を読みなさい.

1. Il faut que vous (aller)＿＿＿ chez le docteur.

2. Le professeur désire que nous (réussir)＿＿＿ à l'examen.

3. Je ne crois pas qu'il (pleuvoir)＿＿＿ aujourd'hui.

B. 接続法現在形の用法

① 主節の動詞〔句〕が，意志・感情・疑惑などをあらわすばあい，接続詞 que で導かれる従属節の動詞は接続法におかれます．

意志・感情などをあらわす動詞〔句〕でよくつかわれるもの：

désirer, vouloir 望む   souhaiter 願う

commander, ordonner 命ずる

demander, exiger 要求する

craindre 恐れる

regretter 残念に思う

douter 疑う

être heureux うれしく思う

Je souhaite que vous *guérissiez* le plus tôt possible.
ジュ スエート ク ヴー ゲリスィエ ル プリュ トー ポスィブル
　　　　　　　　　　　　　　1日も早くお治りになるよう願っています．

Je crains qu'il ne* *pleuve* ce soir.　(* ☞ *p. 229*)
ジュ クラン キル ヌ プルーヴ ス ソワール
　　　　　　　　　　　　今夜，雨が降りはしないかと心配です．

Je suis heureux que vous *soyez* guéri.
ジュ スュイズールー ク ヴー ソワィエ ゲリ

　　　　　　　　あなたがお治りになってうれしく思います．

② 主節が主観的な判断をあらわす非人称構文のばあい，従属節の動詞は接続法におかれます．

おもな非人称構文としては：

il faut que ～　～ねばならない

il est nécessaire que ～　～が必要である

il est possible que ～, il se peut que ～　～かもしれない

il vaut mieux que ～　～するほうがよい

il semble que ～　～らしい

Il faut que je *parte* tout de suite.
イル フォ ク ジュ パルト トゥ ドゥ スュイット

　　　　　　　　　　　私はすぐに出かけねばなりません.

Il vaut mieux que vous *vous couchiez* tôt.
イル ヴォ ミィウ ク ヴー ヴー クーシエ トー

　　　　　　　　　　　早くおやすみになったほうがよろしい.

　　③　目的・譲歩・条件・時などをあらわす接続詞〔句〕のあとの従属
節の動詞は接続法におかれます.

　その接続詞〔句〕のおもなものは:

　　　　pour que ～　～のために
　　　　bien que ～, quoique ～　～とはいえ
　　　　à condition que ～　～という条件で
　　　　avant que ～　～する前に
　　　　à moins que ～　～でなければ
　　　　de crainte que ～, de peur que ～　～を恐れて

Travaille bien pour que tu *puisses* réussir à l'examen.
トラヴァイユ ビエン プール ク テュ ピュイス レュスィールア レグザマン

　　　　　　　　試験に合格するように, しっかり勉強しなさい.

Je l'estime bien qu'il *soit* pauvre.
ジュ レスティム ビエン キル ソワ ポーヴル

　　　　あの人はお金はないけれども, 私はあの人を尊敬しています.

　　④　関係〔代名〕詞節で, 先行詞が最上級またはこれに準ずる表現の
あとでは, その節の動詞は接続法におかれます.

　最上級またはそれに準ずる表現とは:

　　　　le plus, le moins, le meilleur, le mieux
　　　　le seul, l'unique　ただひとつの
　　　　le premier　第1の　　　le dernier　最後の

C'est la plus jolie fille que je *connaisse.*
セ　ラ　プリュ　ジョリ　フィーユ　ク　ジュ　　コネス

　　　　　　　それは私が知るかぎりでのもっとも美しい娘さんです.

Tu es le seul qui me *dises* la vérité.
テュ　エ　ル　スール　キ　ム　ディーズ　ラ　ヴェリテ

　　　　　　　ぼくに本当のことを言ってくれるのはきみだけだ.

　　⑤　主節の動詞が croire, penser, savoir など認知をあらわす動詞
で，それが否定形または疑問形におかれているとき，話者が従属節の
内容について真実であるか否か疑念をいだくばあいには，従属節の動
詞は接続法におかれます.

Croyez-vous qu'il *vienne*?　彼が来ると思いますか?
クロワィエ　ヴー　　キル　ヴィエンヌ

Je ne crois pas qu'il *vienne*.　彼が来るとは私は思わない.
ジュ　ヌ　クロワ　パ　キル　ヴィエンヌ

従属節の内容が客観的な事実であれば直説法がつかわれます.

Le petit Jean ne sait pas que la terre *est* plus petite que le
ル　プティ　ジャン　ヌ　セ　　パ　　ク　ラ　テール　エ　プリュプティット　ク　ル
soleil.　幼ないジャンは，地球が太陽より小さいということを知らない.
ソレィユ

　　⑥　主節に接続法がつかわれた古いフランス語の名残りが，今日で
は成句化された表現として残っています.

Vive la France!　フランスばんざい!(vive ← vivre)
ヴィーヴ　ラ　フラーンス

また，〈Que＋接続法〉は独立節として，第3者に対する命令・希
望をあらわします.

Qu'il *réussisse*!　彼が成功しますように!
キル　レュスィス

◇ 虚辞の **ne**

これまで ne は否定を示す副詞として学んできましたが, 否定の意味をもたないばあいがあり, これを〈虚辞の ne〉とよびます.

虚辞の ne はつねに従属節に用いられ, 下記 3) の不平等比較を示す従属節以外では接続法動詞とともにつかわれます. 一般に書きことばにつかわれ, 話しことばではあまりつかわれません.

虚辞の ne はつぎのばあいに用いられます.

1) craindre「恐れる」, avoir peur「こわい」, de crainte que ～「～するといけないから」など, 不安・危惧を示す動詞, 接続詞句のあとで.

Je crains qu'elle *ne* prenne froid.
ジュ クラン ケル ヌ プレンヌ フロワ

彼女が風邪をひかないかと心配だ.

2) 接続詞句 à moins que ～「～でなければ」, avant que ～「～する前に」などのあとで.

Il faut lui téléphoner avant qu'il *ne* parte.
イル フォ リュイ テレフォネ アヴァン キル ヌ パルト

彼が出かける前に彼に電話をかけなければならない.

3) plus, moins, meilleur, mieux, moindre など不平等比較をあらわす語のあとで.

Il est plus âgé qu'il *ne* paraît.　(paraît ← paraître)
イレ プリュザジェ キル ヌ パレ

彼は見かけよりは年をとっています.

4) 否定的意志をあらわす動詞 empêcher「妨げる」, éviter「避ける」のあと, 疑念・否定をあらわす動詞 douter「疑う」, nier「否定する」が否定形におかれたばあい, そのあとで.

Je ne doute pas qu'il *ne* vienne.　私は彼が来ることを疑わない.
ジュ ヌ ドゥト パ キル ヌ ヴィエンヌ

◆ vouloir「望む」の直説法現在形

je veux		nous	voulons
ジュ ヴー		ヌー	ヴーロン
tu veux		vous	voulez
テュ ヴー		ヴー	ヴーレ
il veut		ils	veulent
イル ヴー		イル	ヴール

練習 39

A. （　）内の動詞を接続法現在形におきなさい.

1. Je veux qu'elle (venir)＿＿＿＿.

2. C'est le meilleur restaurant que je (connaître)＿＿＿＿.

3. Nous cherchons une secrétaire qui (être)＿＿＿＿ forte en chinois.

B. つぎの文を Il faut que ではじまる文に言いかえなさい.

1. Vous vous levez tôt demain matin.

2. Tu finis ce travail avant le déjeuner.

3. Je vais chercher mon oncle à l'aéroport.

C. 接続法の4つの時制

　はじめに記したとおり，接続法には，現在，過去，半過去，大過去の4つの時制があります．従属節で用いられるこれらの接続法時制と主節の動詞との照応をまとめてみましょう．

主節の動詞	従 属 節 で	
	主節と同時 または未来のこと	主節より過去 または未来の完了
直説法・現在形・未来形	接続法・現 在 形	接続法・過 去 形
直説法・過去形，条件法	接続法・半過去形	接続法・大過去形

　この表示に見られるように，接続法には未来をあらわす形がありません．そのため，現在と未来に関してはどちらも接続法現在形であらわされます．

　なお，接続法には原則として上記4つの時制がありますが，今日のフランス語では半過去形と大過去形はほとんど用いられません．

　とくに，接続法半過去形，大過去形は話しことばでは用いられない，活用形が耳ざわりな直説法単純過去形をもとにつくられる活用形です．したがって，話しことばではもとより，書きことばにおいてもこれを避け，接続法半過去形の代わりに接続法現在形が，また，接続法大過去形の代わりに接続法過去形が用いられます．

　要するに，形の上からは4つの時制のある接続法ですが，現在形と過去形に重点をおいておぼえておけばよいでしょう．

D. 接続法過去形の構成

接続法過去形 ＝ 助動詞の接続法現在形＋過去分詞

◆ finir「終わる」の接続法過去形

j'aie ジェ	fini フィニ	nous ayons ヌーゼィヨン	fini フィニ
tu aies テュ エ	fini フィニ	vous ayez ヴーゼィエ	fini フィニ
il ait イレ	fini フィニ	ils aient イルゼ	fini フィニ

◆ partir「出発する」の接続法過去形

je sois ジュ ソワ	parti[e] パルティ	nous soyons ヌー ソワィヨン	parti[e]s パルティ
tu sois テュ ソワ	parti[e] パルティ	vous soyez ヴー ソワィエ	parti[e][s] パルティ
il soit イル ソワ	parti パルティ	ils soient イル ソワ	partis パルティ

E. 接続法過去形の用法

接続法過去形は直説法の複合過去形にあたります.

主節の動詞が現在のばあい，従属節で過去に行なわれたことをあらわすのが接続法過去形です.

Je regrette qu'elle n'*ait* pas *pu* venir hier.
ジュ ルグレット ケル ネ パ ビュ ヴニール イェール

　　　　　　　　　　彼女が昨日来られなかったのは残念です.

Je doute fort qu'il *soit venu.*
ジュ ドゥト フォール キル ソワ ヴニュ

　　　　　　　　　　彼が来たかどうか大いに疑わしい.

また，直説法前未来形にあたり，未来の完了動作をあらわします.

Je doute qu'il *ait fait* ce travail avant midi.
ジュ ドゥト キレ フェ ス トラヴァィユ アヴァン ミディ

　　　　　彼がその仕事を正午までに終えているとは私は思わない.

F. 接続法半過去形

接続法半過去形の語尾

je	-sse	nous	-ssions
tu	-sses	vous	-ssiez
il	-^t	ils	-ssent

　　　* 接続法半過去形は，直説法単純過去形の 2 人称単数形 の語尾
の〈-s〉を除いたあとに，上記の語尾を加えた形です.

◆　aimer の接続法半過去形　　　直説法単純過去形

j'aima*sse*	nous aima*ssions*
ジェマス	ヌーゼマスィヨン
tu aima*sses*	vous aima*ssiez*
テュエマス	ヴーゼマスィエ
il aim*ât*	ils aima*ssent*
イレマ	イルゼマス

j'aimai	nous aimâmes
ジェメ	ヌーゼマーム
tu aima**s**	vous aimâtes
テュエマ	ヴーゼマート
il aima	ils aimèrent
イレマ	イルゼメール

◆　être の接続法半過去形

je fusse	nous fussions
ジュ フュス	ヌー フュスィヨン
tu fusses	vous fussiez
テュ フュス	ヴー フュスィエ
il fût	ils fussent
イル フュ	イル フュス

◆ avoir の接続法半過去形

j'eusse ジュス	nous eussions ヌーズュスィヨン
tu eusses テュ ユス	vous eussiez ヴーズュスィエ
il eût イリュ	ils eussent イルズュス

Il ne savait pas qu'elle *fût* (soit) là.
イル ヌ サヴェ パ ケル フュ ソワ ラ

彼女がそこにいるのを彼は知らなかった.

G. 接続法大過去形

接続法大過去形 ＝ 助動詞の接続法半過去形＋過去分詞

◆ finir の接続法大過去形

j'eusse ジュス	fini フィニ	nous eussions ヌーズュスィヨン	fini フィニ
tu eusses テュ ユス	fini フィニ	vous eussiez ヴーズュスィエ	fini フィニ
il eût イリュ	fini フィニ	ils eussent イルズュス	fini フィニ

◆ partir の接続法大過去形

je fusse parti[e], tu fusses parti[e], il fût parti, . . .

Je ne croyais pas qu'il *fût parti* (soit parti) la veille.
ジュ ヌ クロワィエ パ キル フュ パルティ ソワ パルティ ラ ヴェィユ

彼が前日出発したとは私は思っていなかった.

練習 **40**

つぎの文中の(　)内の動詞を接続法現在形において完全な文にしたあとで，全文を訳しなさい.

Pour qu'une nation (vivre)ᵃ⁾ .... en paix, pour qu'elle (pouvoir)ᵇ⁾ .... arriver à la prospérité et à la grandeur, il faut que les citoyens (obéir)ᶜ⁾ .... aux lois. Quelque gênante que¹⁾ (être)ᵈ⁾ .... une loi, nous devons la respecter : il se peut qu'elle (paraître)ᵉ⁾ .... léser nos intérêts ; le plus souvent²⁾, c'est notre avantage de nous y soumettre.³⁾ La loi veut que les enfants (aller)ᶠ⁾ .... à l'école, que les contribuables (payer)ᵍ⁾ .... des impôts.

La loi n'est autre chose que⁴⁾ la règle imposée à tous les citoyens d'une nation, et cette règle est faite en vue⁵⁾ d'assurer leur bonheur et leur tranquillité. Le premier devoir du citoyen est de respecter les lois et de leur obéir en tous points.⁶⁾

NOTES ¹⁾ quelque＋形容詞＋que＋接続法：「どれほど〜でも」. ²⁾ le plus souvent：「多くのばあい」. ³⁾ nous y soumettre : se soumettre à 〜「〜に従う」. y＝à la loi. ⁴⁾ n'est autre chose que 〜：「〜以外の何ものでもない」. ⁵⁾ en vue de 〜：「〜のために」. ⁶⁾ en tous points：「あらゆる点で」.

39 Elle me dit qu'elle est heureuse.

人が言ったことばをそのままの形で伝えるのが〈直接話法〉，その内容を話者のことばにおきかえて伝えるのが〈間接話法〉です．

Elle me dit : « Je suis heureuse.»

　　　　　彼女は私に「わたしは幸せです」と言います．(直接話法)

Elle me dit *qu'elle est* heureuse.

　　　　　彼女は私に自分は幸せであると言っています．(間接話法)

A. 直接話法から間接話法へ

間接話法では，直接話法のばあいの deux points [ドゥポワン](:) と guillemets [ギーメ] (« ») がはぶかれ，dire「言う」，répondre「答える」などの導入動詞のあと，従属節は接続詞 que で導かれます．間接話法では，この que に続く文が導入動詞 dire などの直接目的の働きをつとめます．

直接話法が間接話法に変わると，主語あるいは目的語が変わるほか，とくに主節の動詞が過去形のばあいは〈時制の照応〉が行なわれますから，こまかく注意を払わなければなりません．

B. 間接話法のばあいの〈時制の照応〉

間接話法では，主節の動詞が現在形であれば，従属節の動詞の時制は直接話法でつかわれている時制と同じ時制がつかわれます．

主節の動詞が過去形のばあいは，従属節の動詞はつぎの形をとります．

　　　　直接話法の動詞　　　間接話法の動詞
1　直説法・現在形　　→ 直説法・半過去形 (過去における現在)
2　直説法・過去形　　→ 直説法・大過去形 (過去における過去)
3　直説法・単純未来形 → 条件法・現在形　(過去における未来)

① 直接話法　Il m'a dit :« Je suis fatigué.»
　　　　　　イル　マ　　ディ　　　ジュ スュイ ファティグ
　　　　　　　　　　　　　彼は私に「疲れている」と言いました.

　　間接話法　Il m'a dit *qu'il était* fatigué.
　　　　　　　　　　　　　　キレテ
　　　　　　　　　　　　　　彼は私に疲れていると言いました.

　　　＊　直説法半過去形は〈過去における現在〉をあらわします. こ
　　れを「疲れていた」と解釈しないように注意しましょう.

② 直接話法　Il m'a dit :« J'ai été fatigué.»
　　　　　　　　　　　　　彼は私に「疲れた」と言いました.

　　間接話法　Il m'a dit qu'il *avait été* fatigué.
　　　　　　　　　　　　　　彼は私に疲れたと言いました.

③ 直接話法　Il m'a dit :« Je serai fatigué.»
　　　　　　　　　　　　　彼は私に「疲れるだろう」と言いました.

　　間接話法　Il m'a dit qu'il *serait* fatigué.
　　　　　　　　　　　　　彼は私に疲れるだろうと言いました.

なお, 時と場所を示す若干の副詞もつぎのように変わります.

直接話法			間接話法	
aujourd'hui オージュールデュイ	今日	→	ce jour-là ス　ジュールラ	その日
hier イェール	昨日	→	la veille ラ　ヴェィユ	前日
demain ドゥマン	明日	→	le lendemain ル　ランドゥマン	翌日
maintenant マントゥナン	今	→	alors アロール	そのとき
ici イスィ	ここ	→	là ラ	そこ

Il m'a dit : « *Maintenant* je suis très occupé, mais je serai libre samedi.»

この直接話法の文を間接話法に移すと:

Il m'a dit qu'*il était alors* très occupé, mais qu'*il serait* libre samedi.
<small>イル マ ディ キレテ アロール トレゾキュペ メ キル スレ リーブル サムディ</small>

　　彼は，今はとても忙しいけれども，土曜日にはひまになるだろう，と私に言いました.

注意　なお，命令法は〈de＋不定詞〉に変わります.

　　Il m'a dit : « Ne fumez pas ! »
<small>イル マ ディ ヌ フュメ パ</small>

　　　　　彼は私に言いました「煙草をすってはいけない」と.

→ Il m'a dit *de* ne pas *fumer*.

C.　直接疑問文と間接疑問文

疑問文が demander「たずねる」，dire などのあとに直接話法でない形でおかれると間接疑問文になります. 間接疑問文も間接話法文の一種で，間接疑問文で用いられる人称代名詞や時制の動きはすでに見た間接話法のばあいの約束がそのまま適用されます.

　　① 疑問詞のない疑問文では間接疑問文は「～かどうか」を意味する接続詞 **si** によって導かれます.

Est-ce que tu as compris?　きみはわかったかい?
<small>エス ク テュ ア コンプリ</small>

→ Dis-moi *si* tu as compris.　わかったかどうか言いなさい.
<small>ディ モワ スィ</small>

Etes-vous content?　あなたは満足していますか?
<small>エット ヴー コンタン</small>

→ Dites-moi *si* vous êtes content.
<small>ディット モワ スィ</small>

　　　　あなたは満足していらっしゃるかどうか私に言ってください.

② 疑問詞 (quand, où, qui, *etc.*) ではじまる疑問文では，疑問詞はそのまま導入語として残ります．

Quand partez-vous? = Quand est-ce que vous partez?
<small>カン　　パルテ　ヴー　　　　　　カンテス　　　ク</small>

→ Dites-moi *quand* vous partez.
<small>ディット　モワ</small>

いつご出発かおっしゃってください．

③ 疑問代名詞 qu'est-ce qui「何が」は ce qui に，qu'est-ce que「何を」または que「何を」は ce que になります．

Que faites-vous? = Qu'est-ce que vous faites?
<small>ク　フェット　ヴー　　　　　　ケス　　　ク</small>

あなたは何をしているのですか?

→ Dites-moi *ce que* vous faites.
<small>ディット　モワ　ス　ク</small>

あなたは何をしているのか私に言ってください．

練習　**41**

つぎの直接話法の文を間接話法の文に言いかえなさい．

1. Ma mère m'a demandé: « Qui est venu pendant mon absence?»

2. Mon ami m'a écrit le 3 du mois dernier: « Je suis arrivé aujourd'hui à Londres et je partirai demain pour Paris.»

3. Le professeur nous demandait toujours: « Avez-vous bien compris les explications que je vous ai données? »

4. Le médecin m'a dit: « Revenez me voir demain.»

練習問題解答

発音練習

A. 1. [ドゥミ]　　　　　3. [エレーヴ]　　　　5. [ムニュ]
   2. [エコール]　　　　4. [フネートル]　　　6. [プロムナード]

B. 1. [セゾン]　　　　　3. [バトー]　　　　　5. [ブフ]
   2. [セーヌ]　　　　　4. [ルージュ]　　　　6. [ヴォワ]

C. 1. [アンファン]　　　3. [パン]　　　　　　5. [シャンソン]
   2. [プランタン]　　　4. [ポン]　　　　　　6. [ブラン]

D. 1. [アプレ]　　　　　3. [ボワ]　　　　　　5. [マルス]
   2. [オトビュス]　　　4. [フィス]　　　　　6. [ペイ]

E. 1. [アヴェック]　　　3. [ブラン]　　　　　5. [ラック]
   2. [バン]　　　　　　4. [フラン]　　　　　6. [パルク]

F. 1. [ロワ]/[ロワ]　　2. [リール]/[リール]

練習　1

1. Voici un livre.　　　　　ここに〔1冊の〕本があります.
2. Voici un crayon.　　　　ここに〔1本の〕鉛筆があります.
3. Voici un cahier.　　　　ここに〔1冊の〕ノートがあります.
4. Voilà un‿hôtel.　　　　あそこに〔1軒の〕ホテルがあります.
5. Voilà des‿enfants.　　　あそこに〔何人かの〕子供がいます.
6. Voici une revue.　　　　ここに〔1冊の〕雑誌があります.
7. Voici des chapeaux.　　ここに〔いくつかの〕帽子があります.
8. Voilà un‿arbre.　　　　あそこに〔1本の〕木があります.
9. Voilà des journaux.　　あそこに〔何部かの〕新聞があります.
10. Voilà des garçons.　　あそこに〔何人かの〕男の子がいます.

〈メモ〉 問題 5, 7, 9, 10 は複数形におかれていることに注意. なお, 音声を聞いてリエゾンなどの読み方に慣れましょう.

練習　2

A. 1. C'est‿un briquet.　　　それはライターです.
   2. Ce sont des crayons.　　それは鉛筆です.
   3. C'est‿une montre.　　　それは時計です.
   4. Ce sont des mouchoirs.　それはハンカチーフです.

5. C'est‿un moineau.　　　それはすずめです.

6. C'est‿une cravate.　　　それはネクタイです.

B. 1. l'amour 男　　　愛　　　　　7. les maisons 囡　　家

    2. le cheval　　　　馬　　　　　8. l'homme 男　　　人間

    3. la France　　　　フランス　　9. les‿autos 囡　　自動車

    4. les‿arbres 男　　木　　　　　10. la lune　　　　　月

    5. l'élève 图　　　　生徒　　　　11. le soleil　　　　太陽

    6. la liberté　　　　自由　　　　12. le Japon　　　　日本

〈メモ〉 問題5の élève は男の生徒にも女の生徒にもつかわれます. (le élève, la élève) → l'élève

C. 1. Qu'est-ce que c'est?— C'est la tour Eiffel.

    2. La montre de Jean est sur la table.

    3. Voilà une maison. C'est la maison de Michel.

練習 3

A. 1. Voilà une maison : c'est la maison de Jean.

    あそこに1軒の家があります. あれはジャンの家です.

    2. Le chien est‿un‿animal fidèle.　　　犬は忠実な動物です.

    3. Est-ce que c'est‿un briquet?—Oui, c'est le briquet de Paul.

    それはライターですか?—はい, それはポールのライターです.

B. 1. Où sont les crayons?　　　鉛筆はどこにありますか?

    2. Il‿est le père de Jean.　　　彼はジャンの父です.

    3. Elles sont les‿enfants de Monsieur Dupont.

    彼女たちはデュポンさんの子供です.

    4. Vous‿êtes professeur.　　　あなたは先生です.

C. 音声のフランス人の発音をよく聞いて練習してください.

練習 4

A. 1. La leçon est‿elle difficile?

    2. Le professeur est‿il debout?

    3. Monsieur et Madame Leblanc sont‿ils heureux?

    ルブラン夫妻は幸福ですか?

B. 1. Où sont Jean et Louis?— Ils sont dans la classe.

    2. Je ne suis pas avocat, je suis médecin.

    3. Etes-vous étudiants?— Nous ne sommes pas étudiants.

練習　5

A. 1. Non, je n'ai pas de montre.
　　　いいえ，私は時計をもっていません.

　　2. Non, je n'ai pas d'amis français.
　　　いいえ，私にはフランス人の友達はいません.

　　3. Non, il n'a pas de dictionnaire japonais-français.
　　　いいえ，彼は和仏辞典をもっていません.

B. 1. N'as-tu pas de stylo ? — Si, j'ai un stylo.

　　2. N'est‿il pas Français ? — Non, il n'est pas Français ; il⌢est Anglais.

C. 1. Avez-vous des parents ? — Oui, madame, nous‿avons des parents.
　　　あなたがたにはご両親がいますか? — はい，私たちには両親がいます.

　　2. Qu'est-ce que c'est ? — C'est‿un mouchoir, c'est le mouchoir de Jeanne.
　　　それは何ですか? — それはハンカチーフです. それはジャンヌのハンカチーフです.

　　3. Voilà un garçon et une fille. Ils sont les‿enfants de Monsieur Dupont.
　　　あそこに1人の少年と1人の少女がいます. 彼らはデュポン氏の子供です.

練習　6

A. 1. la mode parisienne　　　パリのモード
　　2. la langue étrangère　　　外国語
　　3. la mer bleue　　　青い海
　　4. l'histoire ancienne　　　古代史
　　5. une belle fleur　　　美しい花
　　6. un vieil⌢ami　　　旧友
　　7. une robe blanche　　　白いドレス
　　8. une longue lettre　　　長い手紙

B. 1. Il⌢y⌢a une belle fleur dans le vase.

　　2. Il n'y⌢a pas d'arbres dans le jardin.

　　3. Est-ce qu'il⌢y⌢a (Y⌢a-t‿il) un tableau noir dans la classe ?

　　4. Voilà Jeanne. Elle⌢est‿une bonne⌢élève.

〈メモ〉　問題 1 の dans le vase, 2 の dans le jardin は, どちらも文頭においてもかまいません.

練習 **7**

A. 1. une grande table ronde   3. un bon vin blanc

    2. une petite fleur bleue   4. une revue française

B. 1. Le français est‿une langue claire.

      フランス語は明晰な言語である.

    2. L'homme est‿un roseau pensant.

      人間は考える葦(あし)である.（パスカル）

    3. La vie est courte et l'art est long.

      人生は短く芸術は長し.

    4. Pas de nouvelles, bonnes nouvelles.

C. 1. ［ボンナペティ］   4. ［ボンヌ サンテ］

    2. ［ボンナネ］   5. ［ボン ヴォワィヤージュ］

    3. ［ボンヌ シャンス］

練習 **8**

A. 1. Les jeunes gens aiment les sports.

      若い人たちはスポーツが好きです.

    2. Nous chantons une chanson française.

      私たちはフランスの歌を歌います.

    3. La rose rouge signifie : « amour ».

      赤いバラは「愛」を意味します.

    4. Vous fumez ? — Non, je ne fume pas.

      あなたは煙草をすいますか？—いいえ, 私はすいません.

    5. Sous le ciel de Paris coule la Seine.

      パリの空の下セーヌは流れる.

〈メモ〉 Sous le ciel de Paris のような時・場所の副詞などの前置詞グループが文頭におかれるとき, 動詞＋主語名詞の語順におかれることが少なくありません.

B. 1. je danse   nous dansons   3. j'étudie   nous‿étudions

      tu danses   vous dansez   tu étudies   vous‿étudiez

      il danse   ils dansent   il‿étudie   ils‿ étudient

    2. je pense   nous pensons   4. je travaille   nous travaillons

      tu penses   vous pensez   tu travailles   vous travaillez

      il pense   ils pensent   il travaille   ils travaillent

C. 1. ⎰ Est-ce que Jeanne aime la musique ?

     ⎱ Jeanne aime-t‿elle la musique ?

2. Ils‿habitent〔à〕Marseille.

3. Elle regarde la télévision, mais elle n'écoute pas la radio.

練習 **9**

A. 1. Écoute bien.　　　　　　3. Sois prudent〔e〕.
　　　Écoutons bien.　　　　　　　Soyons prudent〔e〕s.
　　　Écoutez bien.　　　　　　　Soyez prudent〔e〕〔s〕.

　　2. Parle lentement.　　　　4. N'ouvre pas la fenêtre.
　　　Parlons lentement.　　　　　N'ouvrons pas la fenêtre.
　　　Parlez lentement.　　　　　N'ouvrez pas la fenêtre.

B. 1. 〔トロワザンファン〕　　5. 〔ユヌール〕
　　2. 〔スィ リーヴル〕　　　6. 〔ルソン セット〕
　　3. 〔サン〔ク〕フラン〕　　7. 〔ヌーヴァン〕
　　4. 〔ヌーヴール〕　　　　8. 〔ドゥ ジュール〕

練習 **10**

A. 1. ma chambre　　私の部屋　　5. son‿amie　彼の女友達
　　2. leurs parents　彼らの両親　　6. notre⌢oncle 私たちのおじ
　　3. son‿auto　　彼の自動車　　7. son fils　　彼女の息子
　　4. ton‿école　　きみの学校　　8. votre fille　あなたの娘

B. ─すみませんが. この近所にいいレストランがありますか?
　　─はい. あそこをごらんなさい! サン・ミシェルというレストランがあ
　　　ります. いいレストランですよ.
　　─料理はおいしいでしょうか?
　　─もちろんです. 料理はすばらしいですよ.
　　─でも高くないでしょうか?
　　─いいえ, お値段は手ごろです.
　　─どうもありがとうございました.
　　─どういたしまして.

練習 **11**

A. 1. Le train va arriver. / Le train vient d'arriver.
　　　　列車は到着するところです / 到着したばかりです.

　　2. Je vais téléphoner à Bernard. / Je viens de téléphoner à Bernard.
　　　　私はベルナールに電話するところです / 電話したところです.

3. Les vacances vont commencer. / Les vacances viennent de commencer.

    もうすぐ休暇です / 休暇に入ったばかりです.

4. Elle va avoir vingt‿ans. / Elle vient d'avoir vingt‿ans.

    彼女はもうすぐ 20 歳です / 20 歳になったばかりです.

B. 1. J'ai dix-sept (dix-huit, dix-neuf, vingt) ans.

    2. Elle‿a treize (quatorze, quinze, seize) ans.

練習 12

A. 1. Il‿est‿au cinéma. (映画館に) 5. Il‿est‿au bureau.

    2. Il‿est‿à la gare. 6. Il‿est‿à la maison. (家に)

    3. Il‿est‿au Japon. (日本に) 7. Il‿est‿à l'université.

    4. Il‿est‿à l'hôtel. (ホテルに) 8. Il‿est‿aux‿États‿Unis.

    (米国に)

B. 1. Ils vont‿au Brésil (en Chine, en‿Espagne, au Mexique).

    彼らはブラジル(中国, スペイン, メキシコ)に行きます.

    2. Ils viennent du Brésil (de Chine, d'Espagne, du Mexique).

    彼らはブラジル(中国, スペイン, メキシコ)から来ます.

練習 13

A. 22 vingt-deux, 25 vingt-cinq, 49 quarante-neuf,
       ヴァント ドゥ   ヴァント サンク   カラント ヌフ

    61 soixante‿et un, 74 soixante-quatorze, 80 quatre-vingts,
       ソワサンテ アン   ソワサント カトルズ   カトル ヴァン

    88 quatre-vingt-huit, 91 quatre-vingt-onze,
       カトルヴァン ユイット   カトル ヴァン オンズ

    95 quatre-vingt-quinze, 98 quatre-vingt-dix-huit
       カトルヴァン カンズ   カトルヴァン ディズュイット

B. 1. De quelle couleur est son‿auto ? — Elle‿est noire.

    2. A quelle‿heure commence la classe ?

    3. Quel‿âge a votre père ? — Il‿a cinquante‿et un‿ans.

C. 1. Quelle musique aimez-vous ? どんな音楽がお好きですか?

    2. Quels sont les mois de l'année ? 〔1 年の〕月の名はなんですか?

    3. Quel bel‿appartement vous‿avez !

    なんときれいなマンションをおもちでしょう!

練習 **14**

A. フランスには，700万匹の犬と900万匹の猫がいます．フランス人4人に1人の割合で，犬か猫を1匹もっていることになります．

    a) sept millions   b) neuf millions   c) quatre
       セット ミリヨン   ヌフ ミリヨン   カトル

B. 1. Le premier janvier, c'est le jour de l'an.（元日）

    2. Le premier mai, c'est la fête du travail.（メーデー）

    3. Le quatorze juillet, c'est la fête nationale en France.

       （フランス大革命の記念日）

    4. Le vingt-cinq décembre, c'est Noël.（クリスマス）

C. 1. Après dimanche, c'est lundi.（日曜日の次は月曜日）

    2. Après mardi, c'est mercredi.

    3. Après mercredi, c'est jeudi.

    4. Avant vendredi, c'est jeudi.（金曜日の前は木曜日）

    5. Avant samedi, c'est vendredi.

練習 **15**

1. Quel temps fait‿il dehors?　そとはどんな天気ですか?

2. Pendant la saison des pluies, il pleut beaucoup.

    雨期には，雨がたくさん降ります．

3. Il faut manger pour vivre et non pas vivre pour manger.

    生きるために食べるべきで，食べるために生きるのではない．

4. Il‿est dangereux de rouler trop vite.

    〔車で〕あまり早く走りすぎるのは危険だ．

練習 **16**

A. 1. Il‿est cinq‿heures six.

    2. Il‿est huit‿heures moins dix.

    3. Il‿est neuf‿heures et quart.

    4. Il‿est dix‿heures moins le quart.

    5. Il‿est onze‿heures et demie.

    6. Il‿est minuit.

B. 1. Je déjeune vers midi et demi(e).

    2. La classe de français finit à quatre‿heures moins dix.

    3. Elle‿obéit bien à ses parents.

    4. Muriel ouvre la fenêtre.

練習 **17**

A. 1. du café　　　 （コーヒー）　　7. du lait　　　　 （牛乳）
2. du thé　　　　 （お茶）　　　　8. de l'huile 囡　 （油）
3. du vin　　　　 （ぶどう酒）　　9. de la confiture （ジャム）
4. de la bière　（ビール）　　10. de la patience （忍耐）
5. du beurre　　（バター）　　11. de l'esprit 男　（才気）
6. du fromage （チーズ）　　12. du talent　　　（才能）

B. 1. Nous n'aimons pas les sports.
　　　私たちはスポーツ好きではありません.
2. Tu n'as pas de courage.　君は勇気がない.
3. N'avez-vous pas d'argent?　お金をもっていないのですか?
4. Ce n'est pas une revue française.
　　　それはフランスの雑誌ではありません.

練習 **18**

A. 1. La lune est moins grande que la terre.
　　　月は地球ほど大きくない.
2. L'huile est plus légère que l'eau.　油は水よりも軽い.
3. Le train rapide roule plus vite que l'express.
　　　特急列車は急行列車よりも早く走る.
4. La France est moins grande que la Russie.
　　　フランスはロシアほど大きくない.

B. 1. Il travaille mieux que Jean.
　　　彼はジャンよりよく勉強をします.
2. Jeanne marche le plus lentement.
　　　ジャンヌがいちばんゆっくりと歩きます.
3. Le vin français est le meilleur vin du monde.
　　　フランスのぶどう酒は世界で最も良いぶどう酒です.

練習 **19**

A. 1. Mes parents sont partis en voyage.
　　　私の両親は旅行に出かけました.
2. Est-ce que vous‿avez vu Robert?
　　　あなたはロベールに会いましたか?
3. Louise et Hélène sont‿allées au Musée du Louvre.
　　　ルイーズとエレーヌはルーヴル美術館へ行きました.

4. Aujourd'hui, nous‿avons appris l'emploi des verbes.

今日，ぼくたちは動詞の用法を学びました.

〈メモ〉 問題 1: partir en voyage「旅行に出かける」. 問題 2:「ある人に会う」は voir *qn* で，*qn* は直接目的語.「～に」にあたる à を加えてはいけません. 問題 3: Louise, Hélène ともに女性の名前. 過去分詞に -es を加えるのを忘れないこと.

B. 1. Il‿a acheté cette maison l'année dernière.

2. Nous‿avons pris l'autobus et nous sommes descendus devant le théâtre.

練習 20

A. 1. Votre‿ami que vous cherchez n'est pas‿ici.

あなたがさがしているあなたのお友達はここにいません.

2. Les valises qui sont devant la porte sont‿à Paul.

ドアの前にあるスーツケースはポールのものです.

3. C'est la chanteuse que j'adore.

それは私の大好きな女性歌手です.

4. Albert Camus est‿un‿écrivain français que j'aime beaucoup et qui a écrit « L'Étranger ».

アルベール・カミュは私が大変好きな，『異邦人』を書いたフランスの作家です.

B. 1. Prenez le livre qui est sur la table.

机の上にある本を取りなさい.

2. La jeune fille que vous cherchez est dans la cour.

あなたがさがしている女の子は中庭にいます.

3. Paris est‿une ville qui attire beaucoup de touristes.

パリはたくさんの観光客を引寄せる町です.

4. Les‿exercices que je fais ne sont pas difficiles.

私がしている練習問題はむずかしくありません.

C. 1. L'étranger qu'il‿a salué est notre professeur de français.

2. C'est le stylo que j'ai acheté hier.

3. Connaissez-vous la jeune fille que vous‿avez rencontrée tout‿à l'heure? (過去分詞の一致に注意)

練習 21

A. a) dont   b) où

フランス・アルプスはフランスとスイス，イタリアをへだてている．それ
はひじょうに高い山々で，その最も高いいただきはモン・ブランである．
　ある頂上は万年雪でおおわれている．また，大きな氷河もあって，川はそ
こに源を発している．モン・ブランやアルプス山脈の上からの眺望はすばら
しい．

B.　1.　Voici Bernard dont je vous ai parlé l'autre jour.
　　　　このかたが私が先日あなたに話したベルナールです．

　　2.　La jeune fille aime l'automne où tout est mélancolique.
　　　　若い女性はすべてがメランコリックな秋を好みます．

　　3.　Le dimanche est un jour de la semaine où je suis libre.
　　　　日曜日は私が自由な日です．

　　4.　Au bord du lac, il y a un hôtel dont le toit est rouge.
　　　　湖畔には，屋根の赤いホテルがあります．

C.　1.　Je connais le peintre qui a fait ce tableau.

　　2.　Où est la revue française que vous avez achetée hier ?

〈メモ〉　問題 2 の achetée (過去分詞の一致)に注意しましょう．

練習　22

1.　Leur mariage aura lieu le mois prochain.

2.　Vous porterez cette lettre à la poste.

3.　Nous serons partis pour la France avant votre arrivée.

練習　23

A.　1.　Oui, elle me connaît. Non, elle ne me connaît pas.

　　2.　Oui, je t'aime. Non, je ne t'aime pas.

　　3.　Oui, il lui a téléphoné. Non, il ne lui a pas téléphoné.

　　4.　Oui, je l'ai vu. Non, je ne l'ai pas vu.

〈メモ〉　問題 1: 文頭にあってもこの Vous は主語ではありません．直接
目的語「あなたを」です．（彼女はあなたを知っていますか？）

B.　1.　Je n'aime pas te dire « au revoir ».
　　　　ぼくはきみに「さよなら」を言いたくない．

　　2.　Michel la connaît depuis un an.
　　　　ミシェルは彼女を 1 年前から知っています．

　　3.　Il leur écrit de temps en temps.
　　　　彼は彼女たちに時々手紙を書きます．

練習 **24**

A. 1. Je pense à elle, elle pense à moi.

   私は彼女のことを思い，彼女も私のことを思っている.

   2. Toi et moi, nous sommes amis.

   きみとぼくは友達どうしだ.

   3. Ce n'est pas à elle, c'est à lui.

   それは彼女のものではありません. 彼のものです.

B. 1. C'est elle qui m'a téléphoné ce matin.

   彼女が今朝私に電話をかけてきたのです.

   2. C'est Solange que j'ai rencontrée hier.

   昨日私が出会ったのはソランジュです. （過去分詞の一致に注意）

   3. C'est dans la banlieue de Tokyo qu'ils habitent.

   彼らが住んでいるのは東京の郊外です.

練習 **25**

A. 1. （それはフランスの雑誌です） Qu'est-ce que c'est? これは何ですか?

   2. （彼は女友達のことを考えています） A qui pense-t-il? 彼は誰のことを考えていますか?

   3. （われわれはこの事件のことを話している） De quoi parlez-vous? あなた方は何のことを話しているのですか?

   4. （私はデュラックさんに出会いました） Qui avez-vous rencontré? あなたは誰に出会いましたか?

B. 1. Que prenez-vous? (Qu'est-ce que vous prenez?) — Je prends de la bière.

   2. Qui attendez-vous? (Qui est-ce que vous attendez?) — Nous attendons notre professeur.

   3. Qui cherchez-vous? (Qui est-ce que vous cherchez?) — Je cherche ma sœur.

DEVINETTES 解答

1. Qu'est-ce qui「何が」 n'a pas de bouche「口をもっていない」 et dit cependant「けれども語る」 la vérité「真実を」. つまり，「口がないのに本当のことを伝えるものはなあに?」 答は le miroir「鏡」.

2. Je suis le chef de 26 soldats.「私は 26 人の兵隊のかしらです」 Sans

moi「私がいなければ」 Paris est pris.「パリは占領されてしまいます」 Qui suis-je?「私は誰でしょう」. このなぞなぞのヒントは26人の兵隊に あります. 26人の兵隊とは? Paris の綴りから pris をはぶくと… 答は la lettre A「A という文字」(アルファベットは26文字)

3.「いちばん長くて, いちばん細い, いちばんやわらかくて, いちばんしなや かな, いちばん役に立っているのに, いちばん知られていない動物は何でし ょう? それは, 歯がないけれども口があります. 脚はないけれども早く歩き ます. 眼はなく, 耳も聞こえません. 肺はないけれども, その皮膚で呼吸を するものです…」. 答は le ver de terre「みみず」. (みみずは畑を耕すと 言われています)

練習 26

A. 1. Elles se sont couchées très tard. 彼女たちは大変おそく寝ました.
  (se coucher の se は直接目的. したがって過去分詞 couché は主語の 性と数に一致して couchées)

  2. Nous nous sommes levé(e)s de bonne heure. 私たちは早く起き ました. (se lever の se は直接目的)

  3. Elle a promené son chien. 彼女は自分の犬を散歩させました.
  (promener は他動詞で「散歩させる」)

  4. Jean et Marie se sont promenés dans le parc.
    ジャンとマリーは公園を散歩しました.

B. 1. Dépêche-toi !   Ne te dépêche pas !
    Dépêchons-nous !   Ne nous dépêchons pas !
    Dépêchez-vous !   Ne vous dépêchez pas !

  2. Promène-toi !   Ne te promène pas !
    Promenons-nous !   Ne nous promenons pas !
    Promenez-vous !   Ne vous promenez pas !

  3. Couche-toi !   Ne te couche pas !
    Couchons-nous !   Ne nous couchons pas !
    Couchez-vous !   Ne vous couchez pas !

  4. Réveille-toi !   Ne te réveille pas !
    Réveillons-nous !   Ne nous réveillons pas !
    Réveillez-vous !   Ne vous réveillez pas !

練習　27

A. 1. Le mot « aéroplane » ne s'emploie guère aujourd'hui.

aéroplane「飛行機」ということばは今日ではほとんど使われません. 受動的用法. (今日では aéroplane に代わって avion が用いられます)

2. Elle se regarde dans la glace.

彼女は鏡に自分の姿を映して見ています. 再帰的用法.

3. Nous nous rencontrons souvent dans la rue.

私たちは往来でよく出会います. 相互的用法.

B. 1. A quelle heure vous levez-vous tous les matins ? — Je me réveille vers six heures, mais je ne me lève qu'à sept heures.

2. Il se lave les mains avant chaque repas.

3. Vous êtes fatigué(e). Reposez-vous bien.

練習　28

A. 1. J'espère vous revoir. またお会いしたいと思います.

2. Elle préfère la ville à la campagne.

彼女は田舎より都会のほうが好きです. (préférer A à B「B より A のほうを好む」)

3. On achète du pain chez le boulanger. パンはパン屋で買います.

4. Il paie (paye) toujours par chèque. 彼はいつも小切手で払う.

5. Nous mangeons souvent dans ce restaurant.

私たちはこのレストランでたびたび食事をします.

B. 1. 〈S＋V＋O.I〉 (ぼくはジャンヌに電話をかけます)

2. 〈S＋V＋A〉 (それは私です)

3. 〈S＋V＋O.D＋A〉 (私はセシールを魅力的だと思います)

4. 〈S＋V〉 (彼はひじょうに早く歩きます)

練習　29

A. 1. Ce n'est pas mon parapluie, c'est celui de mon père.

それは私の傘ではありません, それは私の父の傘です.

2. J'aime celui qui m'aime.

私は私を愛してくれる人を愛します.

3. Sa mère est plus âgée que celle de Marc.

彼(彼女)の母親はマルクの母親より年上です.

4. Celui qui porte des lunettes de soleil, c'est Michel.

　サングラスをかけている〔男の〕人はミシェルです.

5. Les médecins d'aujourd'hui sont beaucoup plus habiles que ceux d'autrefois.

　今日の医者は昔の医者よりもはるかに有能です.

B. 1. J'ai vu Robert à la réunion à laquelle j'ai assisté.

　私は出席した会合でロベールに会いました.

2. Voici l'appareil avec lequel j'ai pris ces photos.

　これが私がこれらの写真をとったカメラです.

練習　30

A. 1. （おつりはありますか?）Non, je n'en ai pas. (en = de la monnaie)

2. （彼はこの結果に満足していますか?）Non, il n'en est pas content. (en = de ce résultat)

3. （きみはミシェルの結婚祝いのことを考えているかい?）Non, je n'y pense pas encore. (y = au cadeau de mariage de Michel)

B. 1. Vous allez à votre bureau? — Non, je n'y vais pas, on a congé aujourd'hui.

2. N'en parlons plus.

3. Henri demeure-t-il (habite-t-il) toujours à Lyon? — Non, il n'y demeure (habite) plus.

練習　31

A. 1. Le docteur Dupont est respecté de tout le monde.

　デュポン博士はみんなから尊敬されています.

2. Les lois nous protègent.　法律はわれわれを守っている.

3. On donnera le concert demain soir.

　コンサートは明日の晩催されるでしょう.

4. L'Amérique a été découverte par Christophe Colomb.

　アメリカはクリストファー・コロンブスによって発見されました.

5. La ville de Pompéi a été détruite par l'éruption du Vésuve.

　ポンペイの町はヴェスヴィオス火山の噴火によって破壊されました.

B. 1. （きみはまだ疲れている?）Non, je ne le suis plus. (le＝fatiguée)

2. （彼女が修道院へ入ったのをあなたは知っていますか?）Non, je ne le sais pas. (le＝qu'elle est entrée au couvent)

練習　32

A.　1.　Elle avait six ans quand la guerre a éclaté.

戦争が起こったとき，彼女は6歳でした.

2.　Que faisiez-vous quand le téléphone a sonné ?

電話が鳴ったとき，あなたは何をしていましたか?

3.　Le temps était couvert, il allait pleuvoir.

天候は曇っていて，雨が降りだしそうでした.

4.　Quand nous habitions à la campagne, nous faisions une promenade chaque matin.

私たちは田舎に住んでいたとき，毎朝散歩をしたものでした.

B.　1.　Il neigeait encore quand le train est arrivé à la gare.

2.　J'écoutais la radio quand mon frère est entré dans ma chambre.

練習　33

A.　1.　Il était déjà parti, quand je lui ai téléphoné.

私が彼に電話をかけたとき，彼はもう出かけていました.

2.　Pierre m'a dit qu'il avait été malade.

ピエールは，〔自分は〕病気だったと私に言いました.

3.　J'ai vu hier le jeune Français que vous m'aviez présenté dimanche dernier.

私は昨日，あなたがこのあいだの日曜日に私に紹介してくれた若いフランス人に会いました.

B.　1.　C'est ma voiture ; la tienne est dans le garage.

それは私の車です. きみの〔車〕はガレージの中にあります.

2.　Nos parents et les leurs sont très intimes.

私たちの両親と彼らの両親は大変仲がいい.

3.　Où sont vos enfants ? Les miens sont à la campagne.

あなたの子供さんたちはどこにいますか? 私の子供たちは田舎にいます.

練習　34

印刷術が発明されてから，ギリシア・ローマの古代人たちの書物が印刷され，多くの人たちがそれを読めるようになった. それはひじょうに立派な書物であった. というのは古代には，自然や人間性について研究した人たちがいたからである.

同じころ，人々はギリシア・ローマの彫刻家たちの彫像や建築家たちの建造物を研究し，これを賛美した．そのとき，封建制度の時代には死物同然だった古代の文学と芸術がよみがえったようだった．それゆえ，そうしたものが再び賛美された時代を人々は『文芸の復興』（ルネッサンス）とよぶのである．

1.	être の前過去	6.	étudier の大過去
2.	être の単純過去	7.	étudier の単純過去
3.	pouvoir の単純過去	8.	être の大過去
4.	être の半過去	9.	renaître の半過去
5.	avoir の大過去	10.	appeler の現在

練習 **35**

A. 1. Pourriez-vous me prêter de l'argent?

私にお金を貸していただけませんか?

2. Je voudrais parler à M. Vincent.

ヴァンサンさんにお話ししたいのですが.

3. Il faudrait demander sa permission.

彼の許可を求めなければならないでしょう.

4. Est-ce que lundi vous conviendrait?

月曜日はあなたの都合がよろしいでしょうか?

〈メモ〉 問題 A の条件法の用法は 36 課で学びます．ここでは条件法の構成を練習してください．

B. 1. *a.* 彼女は今晩来るだろうと私に言います．（主節: 直説法現在形, 従属節: 単純未来形）

b. 彼女は正午までには来るだろうと私に言います．（主節: 直説法現在形, 従属節: 前未来形）

2. *a.* Elle m'a dit qu'elle viendrait ce soir.

b. Elle m'a dit qu'elle serait venue avant midi.

3. *a.* 彼女は今晩来るだろうと私に言いました．（従属節: 条件法現在形）

b. 彼女は正午までには来るだろうと私に言いました．（従属節: 条件法過去形）

練習 **36**

A. 1. Pourriez-vous me donner votre numéro de téléphone?

2. Je voudrais vous poser une question.

3. Voudriez-vous venir me voir tout de suite ?

B. 1. S'il faisait moins froid, je sortirais.

    もう少し寒くなければ出かけるのですが.

2. Il serait allé avec vous s'il n'avait pas été malade.

    彼は病気でなかったら，あなたと一緒に行ったでしょうが.

3. Si j'avais le temps aujourd'hui, j'irais faire des courses en ville.

    今日もし時間があれば，私は町へ買物に行くのですが.

練習 37

A. 1. Il cherche une dactylo sachant le français.

    彼は，フランス語のできるタイピストをさがしています.

2. Je l'ai vue lisant près de la fenêtre.

    私は，窓辺で本を読んでいる彼女を見ました.

3. Étant très occupé, je dois rester chez moi.

    私はひじょうに忙しいので，家にいなければなりません.

B. 1. En prenant le métro, vous arriverez à temps.

    地下鉄に乗れば，あなたは定刻に着くでしょう.

2. En attendant l'autobus, j'ai rencontré Paul.

    私はバスを待っているときに，ポールに出会いました.

練習 38

1. Il faut que vous alliez chez le docteur.

    あなたは医者に行かなければなりません.

2. Le professeur désire que nous réussissions à l'examen.

    先生は私たちが試験に合格することを願っています.

3. Je ne crois pas qu'il pleuve aujourd'hui.

    今日雨が降るとは私は思いません.

練習 39

A. 1. Je veux qu'elle vienne.

    私は彼女に来てもらいたいのです.

2. C'est le meilleur restaurant que je connaisse.

    それは私が知っている最もよいレストランです.

3. Nous cherchons une secrétaire qui soit forte en chinois.

    私たちは，中国語がよくできる秘書をさがしています.

B. 1. Il faut que vous vous leviez tôt demain matin.
        あなたは明日の朝早く起きなければなりません．

    2. Il faut que tu finisses ce travail avant le déjeuner.
        きみはこの仕事を昼食前に終えなければならない．

    3. Il faut que j'aille chercher mon oncle à l'aéroport.
        私は空港へ叔父を迎えに行かなければなりません．

練習 **40**

a) vive   c) obéissent   e) paraisse   g) paient
b) puisse   d) soit   f) aillent

　国民が平和に生活し，繁栄と栄光に到達しうるためには，市民が法律にしたがわねばならない．ある法律がどんなにわずらわしいものであっても，私たちはその法律を尊重しなければならない．その法律が私たちの利益を侵害するように見えるかもしれないが，多くのばあい，それに従うことが私たちの利益になるのである．法律は子供たちが学校へ行き，納税者たちが税金を払うことを求める．

　法律は，一国の全市民に課せられた規則以外の何ものでもない．そして，この規則は彼らの幸福と平穏を保証するためにつくられているのである．市民の第一の義務は，法律を尊重し，あらゆる点でその法律に従うことである．

練習 **41**

1. Ma mère m'a demandé qui était venu pendant son absence.
        母は自分の留守中に誰が来たかと私にたずねました．

2. Mon ami m'a écrit le 3 du mois dernier qu'il était arrivé ce jour-là à Londres et qu'il partirait le lendemain pour Paris.
        私の友人は先月の3日に，その日ロンドンに着き，翌日パリへ出発するという手紙を私によこしました．

3. Le professeur nous demandait toujours si nous avions bien compris les explications qu'il nous avait données.
        先生は，私が君たちに与えた説明がよくわかったかどうか，といつも私たちにたずねたものでした．

4. Le médecin m'a dit de revenir le voir le lendemain.
        医者は翌日また〔診察をうけに〕来るようにと私に言いました．

単　語　集

A

absence 囡　留守，欠席.

absent 圀　留守の，欠席の.

accent 男　アクセント.

accident 男　事故.

accomplir 動　仕上げる.

accord 男　一致.

acheter 動　買う.

acteur(trice) 名　俳優.

action 囡　行動.

admirer 動　感嘆する.

adorer 動　大好きである.

adresse 囡　住所.

aéroplane 男　飛行機.

aéroport 男　空港.

âge 男　年齢.

âgé 圀　年をとった.

agréable 圀　心地よい.

aide 囡　助け.

aimer 動　愛する，好む.
　s'aimer　愛し合う.

alla → aller　単過3単形.

Allemagne 囡　ドイツ.

allemand 圀　ドイツの.　男　ドイ
　ツ語.

Allemand 名　ドイツ人.

aller 動　行く.
　s'en aller　立ち去る.

alors 副　その時.

Alpes 囡複　アルプス.

alphabet 男　アルファベット.

âme 囡　魂.

américain 圀　アメリカの.

Américain 名　アメリカ人.

Amérique 囡　アメリカ.

ami 名　友人.

amitié 囡　友情.

amour 男　愛.

amoureux 圀　恋をしている.

an 男　年，歳.

ancien 圀　昔の.　名　古代人.

anglais 圀　英国の.　男　英語.

Anglais 名　英国人.

Angleterre 囡　英国.

animal 男　動物.

année 囡　年.

antiquité 囡　古代.

août 男　8月.

s'apercevoir de　～に気がつく.

appareil 男　カメラ，機械.

appartement 男　アパルトマン，
　マンション.

appeler 動　よぶ.
　s'appeler　～とよばれる.

appétit 男　食欲.

apporter 動　もって来る.

apprend → apprendre　現3単形.

apprendre 動　学ぶ，教える.

après 前　～の後で.
　d'après　～によれば.

arbre 男　木.

architecte 男　建築家.

argent 男　お金(銀).

arrivée 囡　到着.

arriver 動　着く.

art 男　芸術.

assez 副　十分に.

assister 動　出席する.

assurer 動　保証する.

attaquer 動　攻撃する.

attendre 動　待つ.

258

attirer 動　引寄せる.

aujourd'hui 副　今日.

aura → avoir　単未3単形.

aussi 副　同じく.

auteur 男　作家.

auto 女　自動車.

autobus 男　バス.

automatiquement 副　自動的に.

automne 男　秋.

autour 副　周囲に.

autre 形　別の.

autrefois 副　昔.

avant 前　前に.

avantage 男　利益.

avec 前　〜と一緒に.

avion 男　飛行機.

avocat 男　弁護士.

avoir 動　もつ.

avril 男　4月.

B

ballade 女　バラード.

banane 女　バナナ.

banc 男　ベンチ.

banlieue 女　郊外.

barque 女　小舟.

bateau 男　船.

beau 形　美しい.

beaucoup 副　たくさん.

bébé 男　赤ん坊.

besoin 男　必要.

bête 女　けだもの. 形　愚かな.

beurre 男　バター.

bibliothèque 女　図書館, 書斎.

bicyclette 女　自転車.

bien 副　うまく, たいへん.

bière 女　ビール.

blanc 形　白い.

bleu 形　青い.

bœuf 男　牛.

boire 動　飲む.

bois 男　森.

boîte 女　箱.

bon 形　良い.

bonheur 男　幸福.

bonjour 男　こんにちは.

bord 男　岸.

bouche 女　口.

boucherie 女　肉屋 (店).

boulanger 名　パン屋.

boulangerie 女　パン屋 (店).

bouteille 女　瓶(び).

brave 形　勇敢な, 律気な.

Brésil 男　ブラジル.

briller 動　輝く.

briquet 男　ライター.

se brosser （自分の〜を）みがく.

brun 形　茶色の.

bureau 男　事務所.

C

café 男　コーヒー, 喫茶店.

cage 女　鳥かご.

cahier 男　ノート.

camarade 名　仲間.

campagne 女　田舎.

Canada 男　カナダ.

canif 男　ナイフ.

capitale 女　首府.

car 接　というのは.

carte 女　メニュー, トランプ.

célèbre 形　有名な.

cependant 接　しかしながら.

cerise 女　さくらんぼ.

certain 形　確実な, ある.

certainement 副　きっと.

chaîne 女　山脈.

chambre 女　部屋.

chance 囡 幸運.

chanson 囡 歌.

chanter 動 歌う.

chanteur(se) 囵 歌手.

chapeau 男 帽子.

chaque 形 おのおのの.

charcuterie 囡 豚肉屋 (店).

charmant 形 魅力的な.

chat 囵 猫.

chaud 形 暑い. 男 暑さ.

chef 男 かしら.

chemin 男 道.

chèque 男 小切手.

cher 形 親しい, 高い.

chercher 動 さがす.

cheval 男 馬.

cheveu 男 髪の毛.

chez 前 ～の家に.

chien 囵 犬.

Chine 囡 中国.

chinois 形 中国の. 男 中国語.

Chinois 囵 中国人.

choisir 動 選ぶ.

chose 囡 物, 事.

chou 男 キャベツ.

ciel 男 空.

cime 囡 頂上.

cimetière 男 墓地.

cinéma 男 映画.

citoyen 囵 市民.

citron 男 レモン.

clair 形 明瞭な.

classe 囡 クラス, 授業.

clef 囡 鍵.

cœur 男 心.

cognac 男 コニャック.

collection 囡 コレクション.

combien 副 どれだけ.

comique 男 喜劇作家.

commander 動 命ずる.

comme 副 ～のように, ～として.

commencer 動 始める, 始まる.

comment 副 どのように.

comprendre 動 わかる.

compris → comprendre 過分形.

concert 男 コンサート.

concours 男 競争試験.

confiture 囡 ジャム.

congé 男 休み.

connaissent → connaître 現 3 複形.

connaître 動 知る.

　se connaître 知り合う.

connu 形 知られた.

content 形 満足した.

contribuable 囵 納税者.

convenir 動 ～に適する.

coq 男 雄鶏(おんどり).

correspondant 囵 ペンフレンド.

côte 囡 海岸.

cou 男 首.

coucher 動 寝かせる.

　se coucher 寝る.

couler 動 流れる.

couleur 囡 色.

courage 男 勇気.

couramment 副 流暢に.

courir 動 走る.

course 囡 買物.

court 形 短い.

coûter 動 値段が～である.

couvent 男 修道院.

couvert 形 おおわれた, 曇った.

craindre 動 恐れる.

crains → craindre 現 1・2 単形.

cravate 囡 ネクタイ.

crayon 男 鉛筆.

260

crème 囡　クリーム.

croire 動　信じる.

crois → croire　現 1・2 単形.

croix 囡　十字架.

croyais → croire　半過 1 単形.

croyez → croire　現 2 複形.

cuisine 囡　台所, 料理.

D

dactylo 囡　タイピスト.

dame 囡　婦人.

dangereux 厖　危険な.

dans 前　～の中に.

danser 動　踊る.

date 囡　日付.

debout 副　立って.

décembre 男　12月.

découvert → découvrir　過分形.

découvrir 動　発見する.

dehors 副　戸外に.

déjà 副　すでに.

déjeuner 男　昼食.　動　昼食をと
る.

　petit déjeuner　朝食.

demain 副　明日.

demander 動　頼む, 尋ねる.

demeurer 動　住む.

demi(e) 厖　半分の.　囡 半時間.

démocratie 囡　デモクラシー.

demoiselle 囡　お嬢さん.

dent 囡　歯.

se dépêcher　急ぐ.

déplier 動　広げる.

depuis 前　～から.

dernier 厖　最後の, この前の.

descendre 動　降りる.

désirer 動　望む.

dessert 男　デザート.

détesté 過分　嫌われた.

détruire 動　破壊する.

devant 前　～の前に.

devenir 動　～になる.

devient → devenir　現 3 単形.

devoir 男　義務, 宿題.　動　～ね
ばならない.

dictionnaire 男　辞書.

difficile 厖　むずかしい.

dimanche 男　日曜日.

dîner 男　夕食.　動　夕食をとる.

dire 動　言う.

dises → dire　接現 2 単形.

disque 男　レコード.

dit → dire　現・単過 3 単形, 過分
形.

dizaine 囡　約 10.

docteur 男　医者, 博士.

dois → devoir　現 1・2 単形.

donc 接　それゆえ.

donner 動　与える, 催す.

　se donner　互いに与える.

dormir 動　眠る.

douter 動　疑う.

doux 厖　甘い, おだやかな.

dramatique 厖　演劇の.

drapeau 男　旗.

droite 囡　右.

E

eau 囡　水.

éclater 動　(戦争などが)起こる.

école 囡　学校.

écouter 動　聞く.

s'écrier　叫ぶ.

écrire 動　書く.

　s'écrire　手紙のやりとりをする.

écrit → écrire　現 3 単形, 過分形.

écrivain 男　作家.

effort 男　努力.

261

égal 形 平等な.
élevé 形 高い.
élève 名 生徒.
élire 動 えらぶ.
emmener 動 連れて行く.
empêcher 動 妨げる.
emploi 男 用法.
employé 名 会社員.
employer 動 使う.
　s'employer　使われる.
encore 副 まだ.
enfance 女 幼年時代.
enfant 名 子供.
s'enfuir　逃げる.
énorme 形 巨大な.
ensemble 副 一緒に.
entendre 動 聞く.
entouré 過分 囲まれた.
entrée 女 入ること, 入学.
entrer 動 入る.
envie 女 切望, 欲望.
environs 男複 付近.
envoyer 動 送る.
épicerie 女 食料品店.
épine 女 とげ.
éploré 形 泣き濡れた.
éruption 女 噴出.
escalier 男 階段.
Espagne 女 スペイン.
espagnol 形 スペインの. 名 ス
　ペイン語.
Espagnol 名 スペイン人.
espérance 女 希望.
espérer 動 期待する, 希望する.
espoir 男 希望.
esprit 男 精神, 才気.
essuyer 動 ふく.
estimer 動 尊敬する.
estomac 男 胃.

et 接 ～と, そして.
États-Unis 男複 （アメリカ）合衆
　国.
été 男 夏.
été → être 過分形.
éternel 形 永遠の.
étoile 女 星.
étranger 形 外国の. 名 外国人.
étudiant 名 学生.
étudier 動 勉強する.
événement 男 出来事.
éviter 動 避ける.
examen 男 試験.
excellent 形 すばらしい.
exercice 男 練習.
exiger 動 要求する.
explication 女 説明.
expliquer 動 説明する.
express 男 急行列車.

F

facile 形 やさしい.
facteur 男 郵便配達人.
faim 女 空腹.
faire 動 する, 作る, ～させる.
faisait → faire 半過3単形.
fait → faire 現3単形, 過分形.
falloir 動 必要である, ～しなけ
　ればならない.
fatigué 形 疲れた.
fauteuil 男 ひじかけ椅子.
femme 女 女.
fenêtre 女 窓.
féodalité 女 封建制度.
fer 男 鉄.
fermer 動 しめる.
fête 女 祭り.
feu 男 火.
feuillage 男 葉の繁み.

feuille 囡　葉.

février 團　2月.

fidèle 厖　忠実な.

fier 厖　自慢にする.

se fier　信用する.

figure 囡　顔.

fille 囡　娘.

fils 團　息子.

finir 働　終える，終わる.

fleur 囡　花.

fleuve 團　大河.

flûte 囡　フルート.

fois 囡　度，回.

fort 厖　強い. 副　強く.

fou 厖　狂った.

fraîchir 働　涼しくなる.

fraîchit → fraîchir　単過3単形.

frais 厖　涼しい，新鮮な.

fraise 囡　いちご.

franc 團　フラン (貨幣単位).

français 厖　フランスの. 團　フ
ランス語.

Français 名　フランス人.

France 囡　フランス.

frapper 働　ノックする.

frère 團　兄弟.

froid 厖　寒い. 團　寒さ.

fromage 團　チーズ.

fuir 働　逃げる.

fumer 働　煙草をすう.

G

garage 團　ガレージ.

garçon 團　少年.

gare 囡　駅.

gars 團　若者 (古語).

gâteau 團　菓子.

geler 働　凍る.

gênant 厖　わずらわしい.

genou 團　ひざ.

gens 團複　人々.

gentil 厖　親切な，やさしい.

gilet 團　チョッキ.

glace 囡　氷，アイスクリーム，鏡.

glacé 厖　凍った.

glacier 團　氷河.

goût 團　趣味.

gouvernement 團　政府.

grand 厖　大きな，偉い.

grandeur 囡　偉大さ.

grand-mère 囡　祖母.

grand-père 團　祖父.

gras 厖　肥った.

grec(que) 厖　ギリシアの. 團　ギ
リシア語.

gris 厖　灰色の.

guère 副　ほとんど～ない.

guérir 働　なおす，なおる.

guerre 囡　戦争.

guide 團　案内人.

H

habile 厖　巧みな.

habitant 名　住民.

habiter 働　住む.

haut 厖　高い.

heure 囡　時.
tout à l'heure　ついさっき.

heureux 厖　幸福な.

hier 副　昨日.

hirondelle 囡　つばめ.

histoire 囡　歴史，話.

hiver 團　冬.

homme 團　男，人間.

honteux 厖　恥ずかしい.

hôtel 團　ホテル.

huile 囡　油.

humanité 囡　人類，人間.

263

I

ici 副 ここに.

idée 囡 考え.

île 囡 島.

imagination 囡 想像力.

immobile 形 不動の.

imposé 形 課せられた.

impôt 男 税金.

imprimé 過分 印刷された.

imprimerie 囡 印刷術.

indiquer 動 指す，教える.

intelligent 形 頭のいい.

intéressant 形 興味のある.

intérêt 男 利益.

intime 形 親密な.

inventé 過分 発明された.

inviter 動 招待する.

Italie 囡 イタリア.

italien 形 イタリアの．男 イタリア語.

Italien 名 イタリア人.

J

jambe 囡 脚.

janvier 男 1月.

Japon 男 日本.

japonais 形 日本の．男 日本語.

Japonais 名 日本人.

jardin 男 庭.

jaune 形 黄色い.

jeter 動 投げる.

jeu 男 遊び.

jeudi 男 木曜日.

jeune 形 若い.

jeunesse 囡 青春時代.

joie 囡 喜び.

joli 形 きれいな.

jouer 動 遊ぶ.

jouir 動 ～を楽しむ.

jour 男 日.

   tout les jours　毎日.

journal 男 新聞.

journaliste 名 新聞記者.

journée 囡 1日.

juillet 男 7月.

juin 男 6月.

jus 男 ジュース.

K

kilomètre 男 キロメートル.

L

là 副 そこに.

là-bas 副 あそこに.

lac 男 湖.

lait 男 ミルク.

lampe 囡 ランプ.

langue 囡 言語.

langueur 囡 わびしさ.

se laver （自分の）～を洗う.

leçon 囡 学課.

léger 形 軽い.

légume 男 野菜.

lendemain 男 翌日.

lentement 副 ゆっくりと.

léser 動 （利益を）侵害する.

lettre 囡 手紙．複 文学.

lever 動 起こす.

   se lever　起きる.

liberté 囡 自由.

librairie 囡 書店.

libre 形 自由な.

lieu 男 場所.

lire 動 読む.

lisent → lire　現3複形.

lit 男 ベッド.

littérature 囡 文学.

livre 男 本.

loi 女 法律.

loin 副 遠くに.

long 形 長い.

longtemps 副 長い間.

lundi 男 月曜日.

lune 女 月.

lunettes 女複 めがね.

M

madame 女 奥さん, 夫人.

mademoiselle 女 お嬢さん.

magasin 男 商店.

magnifique 形 見事な.

mai 男 5月.

main 女 手.

maintenant 副 今.

mais 接 しかし.

maison 女 家.

maître 名 主人.

mal 男 悪, 痛み. 副 悪く.

malade 形 病気の.

malheureux 形 不幸な.

maman 女 ママ.

mandarine 女 みかん.

manger 動 食べる.

marchand 名 商人.

marcher 動 歩く.

mardi 男 火曜日.

marguerite 女 ひな菊.

mariage 男 結婚.

marin 男 船乗り.

marronnier 男 マロニエ.

mars 男 3月.

matin 男 朝.

matinée 女 朝の間, 午前中.

mauvais 形 悪い.

médecin 男 医者.

meilleur 形 もっとよい.

mélancolique 形 わびしい.

même 形 同じ.

menteur 名 うそつき.

mentir 動 うそをつく.

menu 男 メニュー, 定食.

méprisé 過分 軽蔑された.

mer 女 海.

merci 副 ありがとう.

mercredi 男 水曜日.

mère 女 母.

mesdames → madame の複数形.

mesdemoiselles → mademoiselle
  の複数形.

messieurs → monsieur の複数形.

méthode 女 方法.

métro 男 地下鉄.

mets 男 料理.

mettre 動 置く.

  se mettre à ～ ～しはじめる.

Mexique 男 メキシコ.

midi 男 正午.

mieux 副 よりよく.

mince 形 ほっそりした.

minéral 形 鉱物の.

minuit 男 夜の12時.

minute 女 分.

mit → mettre 単過3単形.

mode 女 流行.

modéré 形 節度のある.

moineau 男 すずめ.

mois 男 月.

moment 男 時.

monde 男 世界, 人々.

  tout le monde みんな.

monnaie 女 小銭, つり銭.

monsieur 男 男の人, ～氏.

montagne 女 山.

monter 動 上がる.

montre 女 時計.

monument 男　記念建造物.

mort 女　死. 形　死んだような.

mot 男　言葉.

moto 女　オートバイ.

mou 形　やわらかい.

mouchoir 男　ハンカチーフ.

moulin 男　風車.

mourir 動　死ぬ.

mourrai → mourir　単未 1 単形.

mûr 形　熟した.

musée 男　美術館.

musique 女　音楽.

N

naître 動　生まれる.

nation 女　国家, 国民.

national 形　国家の, 国民の.

nature 女　自然.

neige 女　雪.

neiger 動　雪が降る.

neuf 形　新しい.

nez 男　鼻.

nier 動　否定する.

Noël 男　クリスマス.

noir 形　黒い.

nom 男　名前.

nombre 男　数.

note 女　注釈.

nouveau 形　新しい.

nouvelle 女　ニュース, 便り.

novembre 男　11 月.

nuit 女　夜.

numéro 男　番号.

O

obéir 動　従う.

obéissant 形　従順な.

occupé 形　忙しい.

octobre 男　10 月.

œil 男　目.

œuf 男　卵.

offrir 動　贈る.

oiseau 男　鳥.

ombre 女　影.

on 代　人は, 誰かが.

oncle 男　叔父.

onde 女　波.

opéra 男　オペラ.

orange 女　オレンジ.

d'ordinaire　ふつうは.

ordonner 動　命ずる.

oreille 女　耳.

orient 男　東方.

oublier 動　忘れる.

ouest 男　西.

ouvert → ouvrir　過分形.

ouvrir 動　あける.
　s'ouvrir　開かれる.

P

paille 女　麦わら.

pain 男　パン.

paix 女　平和.

pâleur 女　蒼白さ.

papa 男　パパ.

par 前　〜によって, 〜につき.

paraître 動　現われる.

parapluie 男　雨傘.

parc 男　公園.

pardon 男　ゆるし.

parents 男複　両親.

parfum 男　香水.

parisien 形　パリの.

Parisien 名　パリっ子.

parler 動　話す.

parte → partir　接現 3 単形.

participer 動　共にする, 参加する.

partir 動　出発する.

passer 動　通る, 立寄る, 合格する, すごす.

patience 女　忍耐.

pâtisserie 女　菓子屋(店).

patrie 女　祖国.

patte 女　(動物の)脚.

pauvre 形　貧乏な, 哀れな.

payer 動　支払う.

pays 男　国.

peau 女　皮.

peintre 男　画家.

peinture 女　絵画.

pendant 前　〜の間.

pénétrer 動　しみ込む.

pensant 形　考える.

penser 動　考える.

perdre 動　失う.

père 男　父.

permission 女　許可.

petit 形　小さい.

peu 副　あまり〜ない.

peuple 男　民衆.

peur 女　恐怖.

peut → pouvoir　現3単形.

pharmacie 女　薬局.

photo 女　写真.

phrase 女　文.

piano 男　ピアノ.

pied 男　足.

planter 動　植える.

plein 形　いっぱいの.

pleurer 動　泣く.

pleuvoir 動　雨が降る.

pluie 女　雨.

poète 男　詩人.

point 男　点.

poisson 男　魚.

poissonnerie 女　魚屋(店).

pomme 女　りんご.

pont 男　橋.

porte 女　ドア.

porter 動　身につけている, もって行く.

Portugal 男　ポルトガル.

poser 動　置く.

posséder 動　所有する.

possible 形　可能な.

poste 女　郵便局.

poule 女　雌鶏(めんどり).

poumon 男　肺.

pourquoi 副　なぜ.

pouvez → pouvoir　現2複形.

pouvoir 動　できる.
　se pouvoir　かもしれない.

préférer 動　〜のほうを好む.

premier 形　最初の.
　le premier　最初の人・物.

prendre 動　取る, 乗る, 食べる.

prendrez → prendre　単未2複形.

prenez → prendre　現2複形.

près de　〜の近くに.

présenter 動　紹介する.

président 男　大統領.

pressé 形　急いでいる.

prêt-à-porter 男　既製服.

prêter 動　貸す.

prier 動　祈る, 願う.

printemps 男　春.

pris 形　占領された, 捕えられた.

pris → prendre　過分形.

prit → prendre　単過3単形.

prix 男　値段, 賞.

problème 男　問題.

prochain 形　今度の.

professeur 男　先生, 教授.

profiter 動　利用する.

profondément 副　深く, 非常に.

promenade 囡　散歩.

promener 動　散歩させる.
　se promener　散歩する.

se prononcer　発音される.

prospérité 囡　繁栄.

protégé 過分　保護された.

pu → pouvoir　過分形.

puis → pouvoir　現1単形.

Q

quart 男　4分の1, 15分.

quelques 形複　いくつかの.

quelqu'un 代　誰か.

question 囡　質問.

R

raconter 動　物語る.

radio 囡　ラジオ.

rapide 形　早い.　男　特急列車.

se rappeler　思い出す.

recouvert 過分　おおわれた.

refrain 男　リフレイン.

regarder 動　見る, 眺める.

règle 囡　規則.

regretter 動　残念に思う.

remercier 動　礼を言う.

Renaissance 囡　ルネッサンス.

renaître 動　よみがえる.

rencontrer 動　出会う.
　se rencontrer　出会う.

rentrer 動　帰る.

repas 男　食事.

répondre 動　答える.

répondu → répondre　過分形.

se reposer　休息する.

République 囡　共和国.

respecter 動　尊敬する.

respirer 動　呼吸する.

restaurant 男　レストラン.

rester 動　とどまる.

résultat 男　結果.

retour 男　帰ること.

réunion 囡　会合.

réussir 動　成功する.

réussisse → réussir　接現3単形.

se réveiller　目がさめる.

revenir 動　もどる.

revenu → revenir　過分形.

rêver 動　夢見る.

reverdi 過分　再び緑色になった.

revoir 動　再び会う.

revue 囡　雑誌.

Rhône 男　ローヌ川.

rhume 男　風邪.

rire 動　笑う.

riz 男　米.

robe 囡　ドレス.

roi 男　国王.

romain 形　ローマの.

Romain 名　ローマ人.

rond 形　丸い.

ronde 囡　輪舞.

rose 囡　バラの花.　形　バラ色.

roseau 男　葦(あし).

rouge 形　赤い.

rouler 動　(車が)走る.

rue 囡　通り.

rugby 男　ラグビー.

russe 形　ロシアの.　男　ロシア
　語.

Russie 囡　ロシア.

S

sage 形　おとなしい.

saison 囡　季節.

salon 男　客間.

saluer 動　おじぎする.

samedi 男　土曜日.

santé 女 健康.

saule 男 柳.

savait → savoir 半過 3 単形.

savoir 動 知る，できる.

sculpteur 男 彫刻家.

sec 形 乾いた.

secrétaire 名 秘書.

Seine 女 セーヌ川.

sel 男 塩.

semaine 女 週.

sembler 動 ～のように見える.

sentir 動 感じる.

séparer 動 分ける.

septembre 男 9 月.

sera → être 単未 3 単形.

serrer 動 握る.

serviette 女 ナプキン.

se servir de ～を使う.

seul 形 ひとりの.

siècle 男 世紀.

signifier 動 意味する.

simple 形 単純な.

sœur 女 姉妹.

soif 女 のどのかわき.

soir 男 晩.

soldat 男 兵隊.

soleil 男 太陽.

sommet 男 頂上.

sonner 動 鳴る，鳴らす.

sors → sortir 現 1・2 単形.

sortir 動 出る，外出する.

souhaiter 動 願う.

se soumettre 従う.

souple 形 やわらかい.

source 女 源，泉.

sous 前 ～の下に.

souvenir 男 思い出.

se souvenir 思い出す.

souvent 副 たびたび.

splendide 形 すばらしい.

sport 男 スポーツ.

sportif 形 スポーツ好きの.

statue 女 彫像.

studieux 形 勉強好きな.

stylo 男 万年筆.

sucre 男 砂糖.

Suisse 女 スイス.

supermarché 男 スーパーマーケット.

sur 前 ～の上に.

T

tabac 男 煙草.

table 女 テーブル.

tableau 男 絵，黒板.

talent 男 才能.

tante 女 おば.

tard 副 遅く.

tasse 女 茶わん.

téléphone 男 電話.

téléphoner 動 電話する.

télévision 女 テレビ.

temps 男 時間，天候.
　de temps en temps 時々.

tennis 男 テニス.

terre 女 地球，地上.

tête 女 頭.

thé 男 茶.

tissu 男 織物.

toit 男 屋根.

tomate 女 トマト.

tomber 動 落ちる.

tôt 副 早く.

tour 女 塔.

touriste 名 観光客.

tout 代 すべてのもの. 形 すべての. 副 すっかり.
　pas du tout 全然～ない.

269

tout à coup　突然.

tout de suite　すぐに.

tragique 男　悲劇作家.

train 男　列車.

tranquillité 囡　平穏，安心.

travail 男　仕事.

travailler 動　働く.

tremblement 男　震動.

très 副　非常に.

trop 副　あまりに.

trouver 動　見出す，～と思う.

U

université 囡　大学.

usine 囡　工場.

utile 形　役に立つ.

V

va → aller　現 3 単形，命 2 単形.

vacances 囡複　休暇.

valise 囡　スーツケース.

valoir 動　値うちがある.

vase 男　花瓶.

vaut → valoir　現 3 単形.

veille 囡　前日.

venait → venir　半過 3 単形.

vendredi 男　金曜日.

venir 動　来る.

vent 男　風.

ventre 男　腹.

verbe 男　動詞.

vérité 囡　本当のこと.

verrai → voir　単未 1 単形.

vers 前　～ごろに，～の方へ.

vert 形　緑色の，熟していない.

veut → vouloir　現 3 単形.

veux → vouloir　現 1・2 単形.

viande 囡　肉.

vie 囡　一生，人生，生活.

viendra → venir　単未 3 単形.

vieux 形　年とった，古い.

ville 囡　町.

vin 男　ぶどう酒.

violet 形　紫色の.

vite 副　速く.

vivre 動　生きる，暮らす.

vœux 男　願い，誓い.

voir 動　見る，会う.

voiture 囡　自動車.

voix 囡　声.

voulaient → vouloir　半過 3 複形.

vouloir 動　望む.

voyage 男　旅行.

voyager 動　旅行する.

vu → voir　過分形.

vue 囡　眺め.

W

wagon 男　車両.

Y

yeux 男複　目 → œil の複数形.

索　引

273

本書は「フランス語のABC」（1981年刊）に音声を付したものです.

─────── 音声アプリ（収録時間70分）───────

本書の発音の章と🎧マークのついた個所が収録されています. 耳からも学習し, 正確な発音を習得するために御利用ください.
吹込者は Guy Orta 氏です.

著者略歴
数江譲治（かずえ・じょうじ）
1918年生まれ. 早稲田大学文学部仏文科卒. 元早稲田大学法学部教授. わかりやすく学びやすいフランス語初級文法書の名手として知られる. 『フランス語の入門』（1959年, 白水社）は16万部, また本書（1981年初版, 白水社）も累計20万部を誇るロングセラーに. 著書は他に『訳読フランス語の入門』など. フランス語の教科書も数多く手がける. 1982年没.

フランス語の ABC ［新版］

2021年5月20日　印刷
2021年6月10日　発行

著　者　　ⓒ数　江　譲　治
発行者　　　及　川　直　志
印刷所　　研究社印刷株式会社

〒101-0052 東京都千代田区神田小川町3の24
発行所　　電話 03-3291-7811（営業部）, 7821（編集部）　株式会社白水社
www.hakusuisha.co.jp
乱丁・落丁本は送料小社負担にてお取り替えいたします.

振替　00190-5-33228　　　Printed in Japan　　　加瀬製本

ISBN978-4-560-08906-4